SPEYER

Geschichte und Geschichten

Ludwig Wien

Speyer

Geschichte und Geschichten

Mit 10 Illustrationen von Josef Fuchs

2005
Hermann G. Klein Verlag

Abbildung auf dem Einband:
Lorenz Janscha (1749-1812)
Ansicht der Stadt Speyer um 1798
Aquarell
Albertina Wien

Die Schrift auf dem Einband wurde in der Farbe „Krapprot" gedruckt. (Beitrag Seite 133)

Mein Dank gilt
Josef Fuchs,
er hat zehn Tuschezeichnungen
zu diesem Buch angefertigt,
Christel Müller
für die Datenerfassung und redaktionelle
Betreuung dieses Buches,
Gisela Wien
für das Korrekturlesen,
Gerhard Rausch
für viele hilfreiche Anregungen.

2005
Hermann G. Klein Verlag
Neufferstr. 2
67346 Speyer
Tel./Fax 06232 76436

ISBN 3-921797-68-3

HORT DER FREIHEIT UND DES RECHTS

Der Speyerer Bischof Rüdiger bot den vertriebenen Juden eine Heimstatt

Als es um die Mitte des elften Jahrhunderts im Reich und besonders in den rheinischen Städten zu teilweise sehr üblen und grausamen Judenverfolgungen gekommen war, wurde in unserer Stadt ein Kapitel Geschichte geschrieben, dessen Blätter in ihrer vorbildlich-menschlichen Art bis auf diese Tage ehrende Erinnerung verdienen. Weshalb die seit langen Jahrhunderten im Lande lebenden Israeliten in jener Zeit besonderen Hohn und bittere Unterdrückung leiden mussten, ist nicht mehr genau feststellbar. Die Gründe für die Unduldsamkeit, Dummheit und gemeines Handeln sind ja so vielfältig und borniertes Wesen so wenig überschätzbar, dass sie gemeinhin im Dunkeln bleiben. Irgendwer entzündet ein kleines Feuer des Hasses, andere tragen Holz und Reisig unüberlegter Hilfe dazu, die Gaffer blasen in die schwelende Glut, und ehe man sichs versieht, schlagen die Flammen hoch: Es wird auch hier nicht anders gewesen sein, als es sonst in der Welt zuzugehen pflegt. Jedenfalls flohen viele Juden am Rhein aus ihren Häusern und Gassen, um ihr Leben zu retten.

Mitten im plötzlichen Feuerbrand dieser rheinischen Pogrome bot eine Stadt den Heimatlosen Schutz und Sicherheit: Speyer. Bischof Rüdiger Hutzmann, in der Reihe der Oberhirten der Stadt mit Recht als ein bedeutender Mann genannt, ließ den flüchtigen He-

bräern die Tore öffnen. Durch Tausch, Kauf und Geschenke erwarb er innerhalb der Altspeyerer Vorstadt ein Stück Land und wies es den Juden zu, damit die schon hier lebenden Israeliten mit ihren neu angekommenen Glaubensbrüdern einen Platz zu gemeinsamem, friedlichem Leben hätten.
Der Bischof erließ in der Folge eine Reihe besonderer Verordnungen und Gesetze, die den Juden neben den zu übernehmenden Pflichten Freiheiten und Rechte verbrieften. Gegen einen jährlichen Pachtzins von dreieinhalb Pfund Speyerer Münze – einer für damalige Zeiten äußerst ansehnlichen Summe Geldes – überließ er ihnen das Wohnrecht im neu geschaffenen Stadtteil und ließ eine Mauer um ihr Viertel aufführen. Die Juden durften innerhalb dieses Bezirkes, aber unter besonderen Voraussetzungen auch innerhalb der ganzen Stadt Gold und Silber tauschen, Ware ankaufen und verkaufen und Leihgeschäfte tätigen. Auf Bitten des Synagogenrates wies er der kleinen Gemeinde aus domeigenem Land eine gesonderte Begräbnisstätte zu, befreite die Juden vom fälligen Zoll, falls sie einen ihrer Brüder auf der Flucht oder bei der Durchreise beherbergen wollten, und bedachte die Gemeinschaft sogar mit dem Recht, Klagen und Streitigkeiten untereinander vom Vorstand der Synagoge schlichten zu lassen. Sehe sich der Rat dazu nicht in der Lage, so solle man – aber erst dann – den Fall vor den Bischof bringen.
Die Juden waren für die Bewachung, den Schutz und die Befestigung ihres Stadtteils selbst zuständig. Sie durften aus den Reihen der christlichen Einwohnerschaft sogar Diener und Ammen beschäftigen, und der

von sehr freizügigem, offenem Geist zeugende Katalog der bischöflichen Erlasse galt binnen kurzem im ganzen Reich als das fortschrittlichste und beste Gesetz, das die Juden in irgendeiner Stadt Deutschlands besaßen. Es nimmt nicht wunder, dass bei solcher Gelegenheit sich das Leben der israelitischen Gemeinde sehr rasch zu beachtlicher Blüte entwickelte und mit dem steigenden Wohlstand der Bürgerschaft ganz allgemein zugute kam.

Da Bischof Rüdiger jedoch den Hang seiner Zeit zu Gewalttätigkeit im Allgemeinen und menschliche Schwäche bestehenden Verträgen gegenüber im Besonderen gut zu kennen schien, siegelte er am 13. September 1084 eine weitere Urkunde, die verfügte, dass alle diese Vergünstigungen und Freiheiten der Speyerer Juden auch in Zukunft erhalten bleiben sollten, und erbat letztwillig von seinen Nachfolgern auf dem bischöflichen Stuhl, ihnen auch keine neuen und besonderen Steuerlasten mehr aufzubürden.

Die Gunst der Stunde ließ es zu, dass Bischof Rüdiger am 19. Februar 1090 vom Kaiser, der in diesen Tagen in Speyer Hoflager hielt, seine Judenverordnungen bestätigen lassen konnte. Diese Bestätigung durch Heinrich IV. kam einer bedeutenden Erweiterung der bisherigen Freiheiten gleich. Der Salier verbriefte einer vor ihm erschienenen Abordnung der israelitischen Gemeinde von Speyer nicht nur die Vergünstigungen des hochherzigen Oberhirten, er bestimmte darüber hinaus, dass keiner die Juden beunruhigen oder gar berauben solle. Wer es dennoch täte, habe eine Strafe von einem Pfund Gold zu entrichten und den doppelten Ersatz des Weggenommenen zu leisten.

Noch einmal wurde die Gewährung freien Handelsrechtes bekräftigt und unter anderen Freiheiten zugestanden, dass z.B. ohne eigene Einwilligung der Gemeinde keinem Juden Herberge oder Leistungen an den Bischof oder zu Kriegslasten des Kaisers abgenötigt werden sollten. Keiner solle es wagen, einen von ihnen oder gar ihre Söhne und Töchter wider Willen zu taufen. Hätte ein Jude aus freiem Entschluss diesen Wunsch, dann müsse er drei Tage lang ordentlich geprüft werden, ob dieser Schritt auch wirklich aus Gewissensgründen erfolge. Allerdings vermochten die Synagogenältesten in diesen Artikel die Bestimmung einflechten, dass der, der den Glauben der Väter aufgebe, auch deren Vermögen verliere. Damit war eventueller Konversion ein breiter Riegel vorgeschoben. Einen breiten Raum nehmen die Erläuterungen zur möglichen Dienstleistung von Christen in jüdischen Häusern ein. Die Strafe bei Verletzung dieser Bestimmungen sind entsprechend hoch.
Interessant ist ganz besonders die Verfügung über Rechtsstreitigkeiten zwischen christlichen Bürgern und Gliedern der israelitischen Gemeinde. Geriete ein Speyerer mit einem Juden in Rechtshändel, so solle jeder die Sache zunächst vor seinem eigenen Gericht ausmachen. Sei es erwiesen, dass ein Jude etwas Gestohlenes verwahre, und er könne glaubhaft versichern, dass er es ordentlich gekauft habe, dann habe er bei seinem Gesetze zu schwören, welchen Preis er dafür erlegte und diesen Preis dem Eigentümer zurückzuerstatten. Trotzdem war es aber untersagt, einen Hebräer der Feuerprobe zu unterwerfen oder ihn gar

Kaiserdom zu Speyer
erbaut von 1030 – 1061
Ansicht von Südosten

zu geißeln und einzukerkern. Sein Eid galt, auch gegen Zeugen.
Wer einen Juden verwundete, sollte mit einem Pfund Gold diesen Frevel büßen. War er zu arm, diese Strafe zu entrichten, so sollte ihm, wie schon Kaiser Heinrich II. das befahl, ein Henker die rechte Hand abhauen und die Augen ausreißen. Man sieht, dass die Sicherung der Minderheit in jenen Tagen in sehr drastischer Form erfolgte.
Die berühmt gewordenen Judengesetze von Speyer enthalten noch sehr viele andere Bestimmungen bis hin zum Handel mit Wein und zum Erwerb seltener Arzneien. Sie bezeugen in lauterer Weise die freiwilligen Verpflichtungen unserer Vorfahren, dieses so alte Problem friedlichen Zusammenlebens mit jüdischen Mitbürgern in billiger Weise und anständiger Gesinnung zu lösen. Dass das geschah, als ringsum Verfolgung und Unglück drohten, erhebt jene Tat zu besonderer Bedeutung. Auch sehr viel später Geschehenes, über das wir hier nicht rechten wollen, nimmt dieser hellen Seite der Chronik der Stadt Speyer nichts von ihrer Besonderheit. Im Schatten des gerade geweihten Domes lebte eine Kraft, die sich auf ihre Weise dem Guten verpflichtet wusste. Vielleicht ist es kein Schaden, sich daran zu erinnern. Die Welt lässt sich nur an einer Stelle verbessern: Und dazu muss man in den eigenen Herzen beginnen.

„WIR, BÜRGERMEISTER UND RAT ZU SPEYER ..."

Interessantes aus der Verfassung und Verwaltung der Reichsstadt

Mit der Wahl des ersten Saliers, Konrad II., in Speyer einen Dom als Grablege seines Geschlechtes zu bauen, beginnt für das alte Gemeinwesen am Rhein die Blütezeit. Die großartigen Bauten, die der Kaiser begann, zogen fremde Künstler und Werkleute herbei, bereicherten die Einheimischen mit großen Kenntnissen, und der Eifer des Herrschers und seiner Nachfolger beim gewaltigen Münsterbau spornte natürlich auch den Bischof und die Bürger Speyers an. An Stelle der bis dahin vorherrschenden Holzbauten traten Häuser aus Stein, die Mauern, die Tore und Türme wurden fester, die Zahl derer, die vom unbeschützten Land in die Sicherheit einer aufstreben Stadt zogen, nahm rasch zu.

Schon 1084 bezog Bischof Rüdiger Hutzmann das Dorf Altspeier in die Ringmauern ein. Bereits 1148 wird die Gilgenvorstadt urkundlich erwähnt. Der Hasenpfuhl, 1220 zum ersten Mal genannt, lag vordem auch außerhalb der Befestigungen, wurde aber alsbald ebenfalls mit erweiterten Mauern umzogen. Die Vorstadt beim Weißen Tor wurde erst im darauf folgenden Jahrhundert befestigt. Doch schon unter Bischof Johannes, der von 1090 bis 1104 regierte, scheint die Fortifikation der eigentlichen Altstadt abgeschlossen gewesen zu sein.

In Speyer erhob sich nun an den Ufern des Stromes der mächtige Bau des salischen Gotteshauses. Außer dem Domstift beherbergte die Stadt aber noch drei weitere Stiftskapitel: Das St. Guido-Stift, das Stift zur heiligen Dreieinigkeit, später Allerheiligenstift genannt, und das Stift zu St. German, das anfänglich noch außerhalb der Mauern im Südwesen der Stadt lag und nach seiner zweimaligen Zerstörung durch die Speyerer 1422 und 1462 aufgelassen wurde.
Die Stiftsherren siedelten damals in die Pfarrkirche St. Moritz über, die auf dem heutigen Königsplatz stand und deren Ruine erst zu Beginn des vorletzten Jahrhunderts abgerissen wurde, über. Außer diesen Stiftskirchen wuchs eine große Anzahl weiterer Kirchen und Kapellen in Speyer empor. Klöster gab es zu Beginn des hohen Mittelalters sieben: Die Barfüßer oder Franziskaner wohnten seit 1219 an der Stelle des heutigen Spitals, die Dominikaner seit 1265 bei der heutigen Konviktskirche. Seit etwa der gleichen Zeit hatten sich die Augustiner auf dem Platz des späteren Realgymnasiums niedergelassen, die Karmeliter wohnten nahe beim Altpörtel, woran die heutige Karmeliterstraße noch erinnert. Außerhalb der Stadt befand sich das Kloster zum Heiligen Gab, von Speyerer Bürgern um 1250 gegründet, die nach ihrer Rückkehr aus Palästina dort eine der Grabeskirche nachgebaute Anlage errichten ließen.
Im Hasenpfuhl saßen seit 1225 die Nonnen von St. Magdalena, in der Altspeyerischen Vorstadt die Clarissinnen und Franziskanerinnen. Außer diesen Klöstern besaß auch der Deutsche Orden ein Haus in der Stadt. Es lag an der Südseite des Domes. Mit dem Allerheili-

genstift war im 13. und 14. Jahrhundert auch eine Gemeinschaft von Templerschwestern verbunden. Dieser Orden wird später aber nicht mehr erwähnt.
Verwandt mit diesen Frauenkonventen waren auch vier Beginenklausen, die bei Kapellen innerhalb der Stadt bis ins dreizehnte Jahrhundert hinein bestanden. Speyer besaß in jenen Tagen aber auch schon eine bedeutende Zahl öffentlicher Gebäude: Städtische Höfe und Amtssitze, Mühlen, Brunnen, Brücken und nicht zuletzt Badhäuser. 1289 wurde die Münze neu aufgebaut, einen Krautmarkt gab es bereits 1290, Brot- und Fleischschrannen werden um 1330 drei Stück erwähnt. An Wohltätigkeitsanstalten war die Stadt reich: Bei St. Stephan stand das Aussätzigenspital, das schon 1240 genannt wird, um 1260 existierte das Spital zu St. Georgen, die Heiliggeistpfründe wird seit 1272 genannt und das Gutleuthaus außerhalb der Gilgenvorstadt, am Wege nach Berghausen, wird damals auch schon erwähnt. Mühlen in allen Stadtteilen lieferten die Grundlage des täglichen Brotes: 1223 wird eine mittlere Mühle erwähnt, 1247 eine Galgmühle, 1276 eine untere Galgmühle, 1250 eine Mühle in der Salzgasse. Auch besaß die Stadt mehrere feste Brücken.
Wir haben dieses kurze Bild des frühmittelalterlichen Speyer nur deshalb etwas ausführlicher geschildert, weil es als Hintergrund des pulsierenden Lebens notwendig erscheint. Gewerbe und Handel standen schon bald in hoher Blüte, und seit dem Freiheitsbrief Heinrichs V. aus dem Jahre 1111 schufen sich die Speyerer in langen, zähen Verhandlungen und vielen Kämpfen mit den Bischöfen eine eigene Verwaltung, die einer

eingehenden Betrachtung wohl wert erscheint. Durch Bündnisse mit den Nachbarstädten gewann die Stadt alsbald wirkliche Bedeutung auch über die Grenzen ihrer Bannmeile hinaus.

Die Zollbefreiungen der Kaiser förderten das wirtschaftliche Leben in einem ungeahnten Ausmaß, die Verleihung des Messerechtes schon unter Friedrich II. sicherte der Stadt merkantile Geltung, und geschickte Politik in der näheren Umgebung brachte reiche Früchte. Speyer war binnen 200 Jahren zu einem geachteten und kräftigen Mitglied des Rheinischen Städtebundes geworden.

Das Stadtregiment, also die Verwaltung des Gemeinwesens, war schon sehr früh in teilweise blutigen Kämpfen den herrschenden Patrizierfamilien der Münzer und Hausgenossen entrissen worden und zeigte sich ab Mitte des vierzehnten Jahrhunderts als reines Zunftregiment. Die Zünfte der Stadt, die die eigentliche Macht ausübten, gliederten sich zunächst in 13, später in 16 und mehr Genossenschaften. Da waren die Hausgenossen oder Münzer, also die Geld- und Großkaufleute, denen der Kleinhandel ausdrücklich untersagt war: „Weliche unter diesen Handtierungen treyben, die dorfen nichtzit mit dem pfennig werth, sondern mit der größe handeln und verkaufen.“ Dann die Krämer, zu denen die Apotheker, die Glaser, Seckler, Weißgerber, Nestler, Nadler, Maler, Gürtler, Spengler, Sattler, Kartenmaler, Bürstenbinder und Weinschrötter zählten – fürwahr eine illustre und recht gemischte Gesellschaft. Der Weberzunft wurden die Wolle-, Lein- und Särgenweber, aber auch die Blau- und Schwarzfärber zugerechnet. Die Tucher sahen in ihrem Kreise die Hütmacher, die Scherer und die Sackträger - damals also ein wohlorganisierter Berufszweig. Zur Schneiderzunft zählte man die Meister von Schere und Nadel, aber auch die Tuchscherer und die Seidensticker.

Die Schmiede waren allem Anschein nach recht zahlreich vertreten: Ihre Zunft umfasste Goldschmiede, Hufschmiede und Schlosser, aber auch Sporer, Plattner, Kannengießer, Messerschmiede und Keßler. Eigenartigerweise zählten auch die Bader zur Schmiedezunft: „Die Bader gebrauchen sich ihres Handtwerks und pflegen dabei die Bronnen in der Stadt Speier zu fegen, haben auch in Gebrauch allerhandt ströen und geflochtene hüett zu machen, zu kauffen und wider zu verkauffen, dazu vermögen sie wie die Scherer schlechte Baurenfenster mit Viertheile und Waldtglas zu machen und ein zerbrochen Scheyb oder rautten weder einsetzen." Das war eine wahre Universalbegabung! Schließlich blieben unter sich und ohne artverwandte Genossen die Zünfte der Metzger, der Gärtner, der Kürschner, Bäcker, Fischer, Schuster und Rotgerber, während die Zimmerleute sich mit den Schreinern, Wagnern, Drehern, Hafnern, Bendern, Steinmetzen und Deckenmaurern zusammengetan hatten. Die Saltzgesser boten den Hökern und Seilern eine Zunftheimat, und zu guter Letzt gab es eine auf der Welt absolut einmalige Zunft: Die der Hasenpfühler. „Schiffleuth, Schiffmacher und Kercher" hatten sich diesen stolzen Namen zugelegt.

Diese Zünfte entsandten in den Rat der Stadt 28 Mitglieder. Sie wurden gewählt und traten jeweils am 6. Januar, also am Epiphaniasfest, ihr Amt an. Neben diesem „sitzenden oder regierenden Rat“ hatten aber auch die Räte der vorhergehenden zwei Jahre – solange dauerte die Amtsperiode – noch allerlei zu sagen, damit eine kontinuierliche Arbeit gewährleistet blieb. Die Form, die Mitglieder des Stadtrates aus den Speyerer Zünften zu wählen, hat sich bis zum Untergang der freien Reichsstadt erhalten. In der Praxis sah das so aus, dass sich die städtische Macht in einer gewissen Zahl bürgerlicher Familien gleichermaßen vererbte, denn wir finden in den Ratsprotokollen aufeinander folgender Amtsperioden sehr häufig immer wieder die gleichen Namen.

Aus der Mitte des Rates wurden jährlich die beiden regierenden Bürgermeister und verschiedene Commissionen gewählt, die etwa den heutigen Ausschüssen entsprachen. Diesen Commissionen war die Ausführung der Beschlüsse des Rates übertragen. Haupt des Stadtregiments waren natürlich die beiden Bürgermeister, die ihre Befugnisse zeitweilig sehr selbständig ausführten. Sie waren oberste Polizeibehörde und höchste Richter am Ort. Sie saßen zu genau bestimmten Tagen über Streitfällen zu Gericht, der Rat konnte aber quasi als Berufungsinstanz angerufen werden. Da sie für die öffentliche Sicherheit verantwortlich zeichneten, waren sie in einer Person „Oberbefehlshaber“ der städtischen Söldner, der Stadtknechte und der Türmer und Torhüter. Im 14. Jahrhundert trat der Rat, wenn nicht außerordentliche Fälle zu behandeln waren, einmal in der Woche zusammen. Um 1440 geschah das wöchentlich schon dreimal, und seit 1547 waren der Montag, Dienstag, Mittwoch und Samstag Sitzungstage der städtischen Regierung.

Die Bürgermeister führten den Vorsitz, beriefen die Ratsgenossen ein und bestimmten jeweils die Tagesordnung. Sympathisch erscheint die in Speyer gebräuchliche Sitte, schon um 1308 vier so genannte Fürsprecher zu wählen, die im gegebenen Falle Leute vor dem Rat vertraten, „die des Redens nicht kundig waren". Zur gleichen Zeit erscheint auch schon der Ausschuss der vier Rechenmeister, die Einnahmen und Ausgaben der Stadt verwalteten.

Seit 1430 kannte man auch einen Reitemeister, der die Stadt auf auswärtigen Versammlungen und bei wichtigen Verhandlungen zu vertreten hatte. Das Amt hat nicht sehr lange bestanden. Zwei Bauherren oblag die Aufsicht über das gesamte städtische Bauwesen, zwei Rentherrn unterstützten die Rechenmeister bei der Erhebung der Steuern. Später wurde diese Finanzkommission noch durch fünf sogenannte Schossherren erweitert, die die direkten Steuern einzutreiben hatten. Für die städtische Marktordnung sorgten vier Marktmeister, die den Fleischmarkt beaufsichtigten und die Strafgelder kassierten. Zwei Kornmeister waren als Verwalter der städtischen Felder und Güter tätig.

Die Allmendherren hatten das Referat „achtland" inne, vier Brandmeister leiteten die feuerpolizeilichen Verwaltungszweige. Seit 1485 gab es sogar zwei städtische Mistmeister, die für die Reinlichkeit der Vaterstadt Sorge trugen. Der Titel ist nach unserem Dafürhalten ganz besonders schön und treffend.

Auch war die Scharwache bei kleineren Brandfällen erstes Feuerwehrkommando. Erst bei Nichtvermögen,

den Brand zu löschen, wurden die Brandmeister alarmiert.
Auf den Toren der inneren und äußeren Stadtmauer wohnten ebenfalls städtische Bedienstete, die Torhüter. Sie hatten neben ihrem Amt als Pförtner und Weggeldkassierer Verantwortung für das in den Türmen verwahrte Geschütz und die eingelagerte Munition. War in dem betreffenden Turm auch noch ein Gefängnis, wie das beim Altpörtel, Neupörtel, dem Juden-, Salz- und Roten Turm zutraf, so fungierten die Wächter auch als Gefangenenwärter. Auf den Warten außerhalb der Mauern (Wormser Wartturm!) saßen auch Stadtbedienstete. Sie hatten eifrig Ausschau nach berittenen Zügen oder sonst irgendwelchen Verdächtigen zu halten und meldeten ihre Beobachtungen auf nicht alltägliche Weise: Wähnten sie Gefahr im Verzuge, so ließen sie einen großen, weithin sichtbaren Korb, der am oberen Ende einer Stange über dem Turmdach in der Luft schwankte, nieder. Dadurch wurden die Leute auf den Feldern gewarnt, und die Wächter auf den inneren Türmen hatten Zeit genug, vorsorglich die Tore zu schließen. In der Nacht waren die Tore übrigens grundsätzlich verschlossen.
Die Stadt hatte sich natürlich immer wieder mit äußeren Feinden auseinander zu setzen. Der Rat hatte Sorge für die Sicherheit zu treffen, und man kann sagen, dass er sich stets redliche Mühe gab, den Bürgern Speyers einen wohlbeschützten Frieden zu gewährleisten. Die Befestigungsanlagen wurden dauernd überprüft und immer wieder auf den jeweils neuesten Stand gebracht. Wer Bürger war, war auch wehr-

pflichtig und musste mit Harnisch und Spieß versehen sein.
Als das Schießpulver erfunden war, tat der Speyerer Rat alles, um die Türme zu verstärken und Feuerwaffen zu erwerben. Schon 1374 wird ein Waffenmeister in Dienst genommen, „der mit buchsen schießen kundt". Übrigens musste jeder Bürger in späteren Jahren zwei Jahre hindurch im städtischen Schießhause an Übungen mit Handfeuerwaffen teilnehmen. Der Schützenmeister stellte ihm dann darüber ein Zeugnis aus. Für den Ernstfall war nach einem genauen und oft gedrillten „Mobilmachungsverfahren" gut vorgesorgt. Bei Feindesgefahr riefen die Hörner der Turmwächter und der Klang der Sturmglocke die Speyerer auf die angewiesenen Plätze. Seit 1469 waren die 16 stärksten Türme der inneren Befestigung den 16 Zünften zur Verteidigung anvertraut. Die Bürger waren natürlich für sonstige kriegerische Interessen des Rates nicht zu verwenden.
Wenn die Stadt Speyer sich bei auswärtigen Händeln engagierte, so musste sie schon Söldner schicken. Für längere Feldzüge in weitere Gegenden hielt die Stadt ein solches Kontingent, schon auch deshalb, um ihre Verpflichtungen zur Reichshilfe erfüllen zu können. Die städtischen Truppen unterstanden Berufshauptleuten, meist bekannten Edelmännern und angesehenen Rittern. 1381 z.B. diente der Stadt als Feldhauptmann ein Graf Wolf von Eberstein. Er bekam im Jahr 1000 Gulden dafür. Vergleichsweise zu anderen in unserer Chronik angegebenen Preisen ist das recht viel.

Das um 1230 erbaute Altpörtel
gilt als einer der schönsten Tortürme Deutschlands
(Höhe 55 m)

Soldaten waren auch vor 600 Jahren schon kostspielig. Mitte des 15. Jahrhunderts hatte Speyer immerhin 100 Mann zu Fuß und 100 Mann zu Pferde als reine Soldtruppe unter der rot-weißen Fahne. In ausgesprochenen Notzeiten schloss der Rat aber gewöhnlich rechtzeitig geeignete Bündnisse, da und dann mit den Städten, häufiger mit dem Kurfürsten von der Pfalz. Geschickte Politik nach außen und ständige Wehrbereitschaft in der Stadt ließen es den Rat erreichen, dass Speyer bis zum Dreißigjährigen Krieg nie aus irgendeiner Fehde oder einem Krieg mit Schaden besonderer Art herausging. Das war eine achtbare Leistung und spricht noch heute ein Lob für die Güte der Speyerer Türme und Tore.

Im späten 15. Jahrhundert gesellten sich zu den ganzen bereits genannten Ämtern noch das der Schlüsselherren, einer Kommission, die unterschiedlich stark besetzt war und die Schlüssel zur so genannten „roten Kiste" verwahrte. In der roten Kiste lagen – gleichsam wie in einer spezifisch speyerischen Bundeslade – die Freiheitsbriefe der Stadt, Grundlage und Stolz des Gemeinwesens.

Nach einem Ratsstatut von 1460 wurden die Bürgermeister für die von ihnen für das Gemeinwohl geleistete Arbeit wie die Ratsherren und Fürsprecher bezahlt: Pro Sitzung gab es sechs Pfennige Präsenzgeld. Nach einem neuerlichen Statut von 1512 änderten sich die Sätze: Die Ratsherren bekamen acht Pfennige, die Fürsprecher – wegen der augenscheinlich großen Anstrengung – das Doppelte und die Herren Bürgermeister erhielten an Stelle der Tagegelder ein Jahresgehalt

von 40 Gulden. 40 Gulden entsprechen einem Wert von etwa 480 DM, das ergäbe 240 €.
Dass die Speyerer Stadtverwaltung schon in vergangenen Tagen wohl organisiert war, zeigt sich am Bild ihres Rates. Doch konnte natürlich der Rat nur anordnen und beaufsichtigen. Ausführung der Beschlüsse war den Unterbeamten übertragen. Und hier rundet sich das Bild der Ordnung und wohlüberlegten Planung zu einer geradezu beängstigenden Dichte. Der reichsstädtischen Kanzlei standen zunächst einmal ein Notarius und ein Secretarius vor. Im 15. Jahrhundert scheint sich diese Spezies vermehrt zu haben, es wird seither immer nur von Ratschreibern und Pronotaren gesprochen. Im 16. Jahrhundert stand ein Stadtschreiber an der Spitze der Kanzlei. Er bekam 50 Gulden Jahresgehalt, 10 Gulden „für ein Kleid", daneben aber auch die Hälfte der Kanzleieinnahmen. Er befehligte einen Unterstadtschreiber und mehrere Schreibhilfen. Die Briefe, die in der Kanzlei ausgefertigt wurden, vertraute man zur Besorgung städtischen Ratsknechten an.
Zwei „Heimburgen" fungierten als Polizeidirektoren, sie kommandierten aber nur sich selbst, denn sie waren gleichzeitig als Gerichtsboten und Marktaufseher tätig. Der Bürgermeister hatte übrigens in Gestalt von zwei „Einspännern" zwei mit Harnisch, Schwert und Lanze bewaffnete Leibgardisten, die den einen oder anderen Stadtvater bei amtlichen Gängen begleiteten und für die persönliche Sicherheit der Oberhäupter verantwortlich waren.
Zur Unterstützung der Bauherren gab es einen städtischen Zimmermann, einen städtischen Steinmetzen,

einen Stadtschmied, einen Wegemacher, verschiedene Grabenmacher, mehrere Deichmeister, dann auch so genannte Bachmänner, die den Speyerbach zu hüten hatten, eine Mühlenaufsicht und schließlich den Stadtkärcher.

Handelsangelegenheiten wurden über das Kaufhaus erledigt. Vorstände waren die vier städtischen Kaufherren, die in früherer Zeit mit dem städtischen Rechenmeister Bilanz zu machen hatten, später aber das Kaufhaus als Pachtbetrieb übernahmen. Unter ihnen fungierten die Unterkäufer, die für die Kaufvermittlung tätig waren und die Abgaben erhoben. Ein eigener Kaufhausschreiber führte die städtischen Handelsbücher. Außerdem waren drei Messer, ein Wieger und mehrere Knechte dort beschäftigt.

Einer besonderen städtischen Behörde unterstand der für Speyer so wichtige Weinhandel. Die Amtsbezeichnung der Referenten hieß „Ungelder“, und man zählte ihrer vier. Die Stadt zog aus dem Weingeschäft in allen Gegenden des Reiches immense Gewinne. Auch die Steuern für so genannten „verzapften“ Wein waren bedeutend: 1416 z.B. beliefen sie sich innerhalb der Mauern auf 4400 Gulden. Übrigens musste man als Bürger der Stadt auch für zu Hause verbrauchten Wein Steuer abführen! Zur Kontrolle der in Kellern und Geschäften eingelagerten Weinbestände hatte der Rat eigene Weinvisierer und mehrere Weinknechte unter Vertrag.

Natürlich wurde das Getreide beim Mahlen ebenso versteuert wie das Brot beim Verkauf durch die Bäcker. Auch dafür waren eigene Bedienstete des Rates zuständig, die ihrerseits wieder dem Duumvirat der beiden Rentherren zu gehorchen hatten. Ein eigener Rentzinssammelmeister und ein so genannter Platzmeister scheinen mit ihren Knechten ständig zu tun gehabt haben, letzterer schon deshalb, weil er für die Spielabgaben verantwortlich war. Spiele um Geld unterlagen – wie heute – der Steuer. Das Weggeld, die Straßengebühren also, wurde von den Pförtnern an den Stadttoren eingezogen. Der Zoller, der den Rheinzoll für den Bischof erhob, war nicht eigentlich städtischer Beamter, doch musste er dem Rat den Eid der Treue schwören. Die Stadt hatte auch zeitweilig eigene Zollbeamten unter Vertrag: So für den ihr durch Kaiser Karl IV. verpfändeten Rheinzoll bei Oppenheim und die von Kaiser Wenzel und Ruprecht verliehenen Speyerer Rheinzölle, die sich stets als lukratives Geschäft erwiesen.

Die Gesundheit der Bevölkerung lag dem Rat natürlich auch sehr am Herzen, und es nimmt nicht wunder, wenn wir schon um 1500 einem Stadtarzt von Amts wegen begegnen. Er war von allen Steuern und Lasten frei und bezog vom Stadtsäckel eine Jahresentschädigung von 30 Gulden. Städtisch angestellt waren auch eine Hebamme. Ratsbediensteter war auch der Totengräber. Er musste bei seinem Dienstantritt übrigens eidlich bekräftigen, dass er Verstorbene stets zur rechten Zeit unter die Erde bringen werde. Für die Kontrolle der öffentlichen Brunnen war der städtische Brunnenmeister zuständig. Der Stocker, dessen eigentliches Amt ja die Vollziehung körperlicher Strafen war, hatte „nebenberuflich“ für die Reinigung der Kloaken und „heimlicher Gemache“ zu sorgen.

Von der Polizeigewalt der Bürgermeister berichteten wir schon. Neben den von ihnen in Dienst gehaltenen Heimburgen, Söldnern, Wächtern und Türmern hatten sie aber für das Land außerhalb der Mauern auch eine Gruppe von Feldschützen und für Ordnung in der Nacht eine eigene Scharwache verpflichtet. Die Scharwächter, um 1500 etwa zwanzig an der Zahl, waren in zwei Abteilungen gegliedert, deren eine jede einem Hauptmann unterstand. Die eine zog vor, die andere nach Mitternacht durch die Stadt, um die Torwachen zu visitieren, die Schlösser an den Stadttoren auf ordnungsgemäßen Verschluss zu prüfen, Ruhestörungen zu verhüten, Diebstahl und Einbruch zu verhindern und eben sonst nach dem notwendigen Rechten zu sehen, damit die Speyerer in Frieden schlafen konnten.

Um Schulangelegenheiten brauchte sich die Stadtverwaltung nicht zu kümmern. Diese Sorge trat erst auf, als die Umwälzungen der Reformationszeit den Rat zwangen, sich der Erziehungsangelegenheiten anzunehmen. Zuvor wurde der Unterricht, sofern er überhaupt erteilt wurde, auf den Klosterschulen und in der Domschule gegeben. Und da war die Geistlichkeit zuständig.

Ebenfalls bis zur Reformationszeit blieb der Rat von der Sorge um die Religionsangelegenheiten verschont. Die Kirchen unterstanden dem Bischof, er ernannte die Geistlichen. Der Rat hatte nur ein Mitspracherecht bei der Vergabe der Pfarrstelle zu St. Georg und bei der Verleihung einiger Pfründen an Kapellen. Übrigens besetzten die Speyerer Bürgermeister die Pfarrei Iggelheim. Dabei wurden häufig Kinder von Ratsver-

wandten berücksichtigt. Das Vermögen der Patronatspfarrei St. Georg wurde von drei eigenen städtischen Kirchengeschworenen verwaltet.
Große Sorgfalt verwandte der Rat der Stadt auf das öffentliche Wohlfahrtswesen. Bereits 1261 bestellte man drei offizielle Pfleger für das St. Georgsspital, ebenso hatten zwei Ratspfleger die Aufsicht über das Spital zum Heiligen Geist, das schon 1272 als Altersheim für Bürger und Bürgerinnen der Stadt erwähnt wird. Das Aussätzigenspital, das Siechenhaus an der Schmiedsgasse, das Elendhaus und das Gutleuthaus unterstanden gleichfalls städtischen Beamten. Der Rat sah gerade bei den caritativen Einrichtungen auf sehr genaue Rechnungslegung, die jährlich vorgenommen wurde.
Einen breiten Raum innerhalb der reichsstädtischen Verwaltung nahm die Justiz ein. Seit dem Sühnebrief Bischof Friedrichs aus dem Jahre 1294 wurden die Gerichte und Ämter jährlich durch die Stadt besetzt. Der Vogt, der Schultheiß, der Kämmerer und die Aufseher waren dem Rat eidlich verpflichtet. Von da an lag alle Polizeigewalt allein bei den Bürgermeistern, und das Gerichtswesen war nur noch in städtischer Hand. Die Bürgermeister waren sowohl in Zivil- als auch in Kriminalsachen alleinige Instanz. Eine Appellation war nur an den Kaiser möglich. Der Schultheiß und der Kämmerer urteilten in Zivilprozessen, soweit sie Schulden, Verpflichtungen, bürgerliche Streitigkeiten oder ähnliche Dinge betrafen. Erbschaftsstreitigkeiten waren sehr häufig. Vier Gerichtsherren und vier Fürsprecher sorgten für den prozessualen Ablauf der Klagen.

Die Gerichtsherren saßen mit dem Schultheißen und Kämmerer zu gleichen Stimmen auf der Richterbank. Sie führten gemeinsam das Siegel. Wenn die Streitigkeiten geringfügig waren, sparte man sich den Weg vor das Gericht und rief die Bürgermeister direkt an. In früher Zeit saßen die in einer Laube vor dem Kaufhaus, um die Meinungsverschiedenheiten zu erörtern, und sprachen entweder Urteil oder verwiesen die Angelegenheit an den Rat. Ein klagender Bürger hatte Recht auf ein Urteil und konnte verlangen, dass seine Sache vor den versammelten Rat gebracht wurde. Urteile, gleich welcher Art, hatten übrigens nur dann Rechtskraft, wenn sie von den Ratsherren bestätigt waren.

Vor 1294 hatte ein bischöflicher Vogt die alleinige Gerichtsbarkeit in Kriminalsachen. Nachher zog der Rat auch diese Befugnisse an sich und ließ schon 1328 das althergebrachte peinliche Recht in 67 neuen Artikeln verbindlich abfassen. Später erfolgten Zusätze, doch blieb im Ganzen diese Strafordnung bis zur Einführung des römischen Rechts unter Kaiser Maximilian I. in Geltung. Bei schwierigen Fällen war der Rat natürlich nicht in der Lage, die Voruntersuchungen selbst zu führen und auch noch die notwendigen Zeugenverhöre allein anzustellen. Man wählte deshalb seit Beginn des 14. Jahrhunderts sechs Kommissionen zu je vier Mitgliedern, die immer einen Monat die Gerichtsbarkeit ausübten. Gerichtstage waren in Speyer der Montag und Donnerstag. Die Mantrichter, also die vom Rat gewählten Gerichtsherren, waren an diesen Tagen selbstverständlich von Sitzungen im Ratshof befreit.

Die Strafen waren häufig Geldstrafen, deren Erträgnisse zum Besten der Stadt verwendet wurden. Auch wurden von ihnen die Gerichtskosten bestritten, denn Schreiber, Fürsprecher und Knechte kosteten ja etwas. Leibes- und Lebensstrafen waren nicht selten. Der Verurteilte wurde dann vom Gericht dem Schultheißen übergeben und vom Scharfrichter gerichtet.
Um für die Zeit ein Beispiel zu geben, wollen wir uns die Leib- und Lebensstrafen zwischen 1450 und 1500 innerhalb der Reichsstadt in Erinnerung bringen: Gehenkt wurden im angegebenen Zeitraum auf Grund ratsherrlicher Urteile 14 Personen, im Rhein ertränkt 16, davon vier in der Nacht. Zwei wurden geköpft, drei verbrannt, einer aufs Rad geflochten, zweien wurden die Augen ausgestochen, zweien die Ohren abgeschnitten, zwei durch die Backen gebrannt, fünf ins Halseisen gestellt und endlich mit Ruten ausgehauen. Die Gesetze waren sehr streng. 1456 wurde in Speyer ein Mann ertränkt, weil er grobe Schwüre getan und „allen Heiligen im Himmel geflucht" hatte. 1450, 1457 und 1463 wurden Männer wegen Diebstahls ertränkt, und 1492 einer des gleichen Deliktes wegen gehenkt. Die städtischen Bücher vermerken auch fein säuberlich die Kosten, die für eine Hinrichtung anfielen. Sie betrugen durchschnittlich ein Pfund Heller – also etwa 12 Mark (24 €).
Der Rat der Stadt war neben dieser städtischen Justizhoheit auch Herr der Appellsachen für eine Reihe von Ortschaften in der Umgebung. Dafür musste aber von auswärts gezahlt werden.
Nach Einführung des römischen Rechts war es dem Rat natürlich nicht mehr möglich, ohne eigens ausge-

bildete Juristen auszukommen. Die Stadtschreiber waren von da an prinzipiell rechtskundige Personen, später finden wir auch noch zwei Syndici und Rechtskonsulenten, die den Rat in der Prozessführung und Urteilsfindung unterstützten. Die so genannte neue Zeit war ja überhaupt viel verwickelter und komplizierter als ehedem.

Die Regelung der Verbindungen zum Kaiser, zum pfälzischen Kurfürsten und oberrheinischen Kreis, dem die Stadt angehörte und durch den sie auch im Reichstag vertreten war, die Notwendigkeit diplomatischen Kontaktes zumBischof und zu anderen Nachbarn, verlangte immer mehr Juristen in den städtischen Ämtern. Sie legten ihre Arbeiten und Gutachten dem Rat vor und fungierten auch als Gesandte der Speyerischen Stadtrepublik bei Kaiserkrönungen, bei Reichs- und Kreistagen, wichtigen Unterhandlungen in fernen Städten und schufen so die Verbindung zur Außenwelt. Auch hatte man aus dem um die Mitte des 16. Jahrhunderts auf 48 Männer angewachsenen großen Rat einen „Dreizehnerausschuss“ gebildet, der als eigentliches reichsstädtisches Ministerium amtete und bei dem dann alle Macht lag.

J. M. Fuchs schreibt von diesen dreizehn Stadtvätern: „... dann sie alle wichtige und geheime Sachen zuvorderst berathschlaget und alsdann ihren Schluß – jedoch nit gleich in allen und jeglichen Punkten – zu gehöriger Zeit und wenn es noth gewesen, dem sitzenden Rath dessen vornehmst, aber nit die meiste, Glieder sie gewesen, eröffnet.“ Seit Mitte des 17. Jahrhunderts wechselten die Ratssitze kaum noch ihre Inhaber. Nur die Bürgermeister und die beigeordneten

ältesten Räte wurden in zweijährigem Turnus neu gewählt. Um diese Zeit bestand der Rat wieder aus 24 Mitgliedern, nach der Katastrophe von 1689 dann aus 12 Herren. Die Räte der Stadt hatten übrigens während des erzwungenen Exils nach dem großen Brand eine regelrechte Exilregierung zu Heidelberg gebildet und siedelten 1693 nach Frankfurt über. Dort hielten sie ihre Sitzungen bis zur erlaubten Rückkehr an den Rhein ab. Das war Bürgergeist!
Doch kehren wir in unserer Betrachtung zur früheren Zeit zurück. Neben der weltlichen Gerichtsbarkeit gab es im alten Speyer auch einen geistlichen Gerichtshof, den so genannten Laiensendt. Vor ihm wurde gegen Sünder verhandelt, die sich gegen Gesetze der Kirche vergangen hatten: Gotteslästerung, Unterlassung der Beichte und Kommunion, Sünden gegen das siebte Gebot, Wucher, Übervorteilung im Handel, solche Dinge standen da zur Debatte. Die Strafen waren nicht zimperlich: Wir lesen von Exkommunikation, Abschneiden der Haare, Tragen eines Papierhutes in den Straßen, Rutenhieben, Gefängnisstrafen ... Und der Dompropst als Vorsitzender, zwei Pfarrer als Beisitzer und 12 Geschworene des Rates urteilten gemeinsam.
In der Stadt waren 33 unbescholtene Männer als Ankläger für dieses Laiensendt-Gericht bestellt. Sie mussten schwören, dass sie nicht aus Hass und Neid, sondern um Gottes und der heiligen Kirche willen klagen wollten. Ob es immer so war, mag dahingestellt bleiben. Jedenfalls war dem Rat bei dieser Moralschnüffelei selbst nicht so recht wohl. Als die Reformation ins Land kam, weigerten sich die Stadtväter

sofort, noch irgendwen aus ihren Reihen in die Reihen des Gerichts zu entsenden. Der Laiensendt wird bald darauf nicht mehr erwähnt.

Die Speyerer Bürger genossen übrigens einen ausgedehnten Rechtsschutz durch diverse Verträge. Mit Straßburg bestand ein Abkommen, wonach kein Speyerer vor ein Straßburger, dafür aber auch kein Straßburger vor ein Speyerer Gericht gebracht werden durfte. Mit Mainz, Worms und anderen Städten bestanden ähnliche Verträge. Schon seit 1261 hatte die Stadt ein vom Papst verbrieftes Recht, das untersagte, einen Speyerer außerhalb der Mauern der Stadt vor ein päpstliches Gericht zu ziehen. Von kaiserlicher Gerichtsbarkeit waren die Bürger ohnehin schon seit Jahrhunderten befreit. Kam es wirklich vor, dass ein Bürger irgendwo außerhalb vor den Richter treten musste, so sorgten die Stadtväter für Rechtsbeistand, indem sie Freischöffen entsandten. Beim Reichskammergericht und am Hofgericht in Rottweil war die Stadt in späteren Jahren durch eigens bestellte Advokaten vertreten.

Man könnte noch gar vieles dazu sagen, doch würde eine solche Arbeit den uns gezogenen Rahmen zu sehr ausweiten. Wir wollten aufzeigen, wie sich in den Jahrhunderten des frühen und hohen Mittelalters aus den örtlichen Gegebenheiten, unter langwierigen und zäh verfochtenen Kämpfen, aus kaiserlicher Huld und trotzigem Bürgersinn ein Gemeinwesen eine Ordnung schuf, die wirkliche Bewunderung verdient. Seit dem 12. Jahrhundert hatte sich das alles organisch entwickelt. Wer dieses Werden aufmerksam betrachtet, wird wohl zustimmen, dass hier ein Gemeinwesen

entstand, das sehr wohl imstande war, rechte Bürger zu erziehen und diesen Bürgern nach innen und außen einen guten Schutz angedeihen zu lassen. Diese bürgerliche Ordnung begründete den Ruhm unserer Vaterstadt, eine der ersten Städte in Deutschland und unter den stolzen Stadtrepubliken am Rhein zu sein.
Wie sehr diese Erziehung der Bürger dem Rat der freien Reichsstadt als oberstes Gebot galt und wie sehr den leitenden Männern Speyers daran gelegen war, die Liebe und Achtung zur Heimat zur alleinigen Richtschnur ihrer Politik zu machen, davon spricht am besten der Eingangspassus des Speyerischen Ratsstatuts von 1430: „Als aber ein jegliche Stadt durch ihre erbar geordnete Menge des Volks erhöht und gestärket wird, also wird sie auch zergänglich und unmächtig, so sie dessen Gebresten hat; davon ist, daß einer jeglichen Stadt Lob gebreitet und aller ihrer Inwohner und Burger Nutz und Gemach gemehret wird, so sie emsig danach ringet und steht, wie die Menge ihres Volks allezeit löblich an erbaren Leuten wachse und zunehme. Dann keine Stadt gutgeheißen werden mag, wie viel sie mit Toren und Mauern umgeben ist, sie sei denn mit lebendigen Steinen, das ist mit erbaren weisen, Leuten, gepflanzet und gezieret."
Diese wunderbaren Worte unserer Altvorderen aus der Ratsstube der Freien Stadt Speyer sind ein Vermächtnis für alle Zeit.

Blick vom Spital (Städtisches Krankenhaus)
auf die Rückgebäude der Herdstraße
und den Kaiserdom

„... DERGLEICHEN IN TEUTSCHAND NIEMALS HERKOMMEN“

Speyerer Freiheitsprivilegien - ein kaiserlicher Dank

Vor fast neun Jahrhunderten verlieh Heinrich V., der letzte Salier, unter dem Eindruck der endlichen Beisetzung seines Vaters an der Seite der Ahnen den Bürgern Speyers die berühmt gewordenen beiden Freiheitsbriefe, die das Geschick unserer Stadt durch alle Stürme der Zeiten bis auf diesen Tag bestimmt haben.
Der Kaiser hatte während seines Italienaufenthaltes 1110 immer wieder versucht, den Papst zu einer Lösung des Bannes zu bewegen, der noch immer eine Beisetzung seines 1106 verstorbenen Vaters verhinderte. Seit Jahren stand Heinrichs IV. Sarg mit angeschmiedetem Deckel ungeweiht auf dem Estrich der halbfertigen Kapelle der hl. Afra zu Speyer. Der Sohn, dessen niederträchtiges und treuloses Verhalten die letzten Lebensjahre des Vaters ehrlos und unsagbar traurig hatte sein lassen, empfand tiefe Reue. Dem Lebenden konnte er nichts mehr abbitten – dazu war es zu spät. Doch der einsame Sarkophag in einer Seitenkapelle des Domes war zu einer unübersehbaren, immerwährenden Anklage und Mahnung geworden. Speyerer Bürger beteten heimlich vor ihm und erhofften sich für ihren immer geliebten, unvergessenen Herrn eine endlich äußere Wiedergutmachung. Der Papst sperrte sich zwar noch immer und zürnte dem Verschiedenen über die letzte Stunde hinaus.

Doch Heinrich V. genoss in jenen Zeiten die Gunst machtvoller Siege und erzwang Erfüllung seines Willens auf eine nicht gerade alltägliche Weise: Er setzte den Statthalter Petri kurzerhand gefangen. Die Chronik berichtet darüber: „Hernacher aber, als der Bapst umb seiner Widersetzigkeit willen verhaftet ist in der Handelung seiner Erledigung auch dieser Punct bewilliget, dass der Kaiser seines Vatern Leichnam zur Kaiserliche Begräbnus mit gewohnlichen Ceremonien und Herrlichkeit zu bestatten macht haben und derselb deß Bannes erledigt sein solle."
Heinrich kehrte aus Italien direkt nach Speyer zurück, er „hat den nechsten Weg genommen". Schon von unterwegs sandte er Boten in die Länder, die die Großen des Reiches zu einem Fürstentag nach Speyer luden. Er hat dann „seine Vatter dermaßen stattliche Leichenbegängnus gehalten, dass dergleichen keinem Kaiser widerfahren". Die Totenmesse wurde in Anwesenheit der Erzbischöfe Friedrich von Köln und Bruno von Trier und der Bischöfe Bruno von Speyer, Cuno von Straßburg, Ulrich von Konstanz, Otto von Bamberg, Burkhardt von Münster, Hermann von Augsburg und zahlreicher Äbte deutscher Klöster zelebriert. An der Seite des Kaisers standen viele deutsche Fürsten, unter ihnen auch Herzog Friedrich von Schwaben, um dem großen Toten die letzte Ehre zu erweisen.
Der Pomp und die düstere Feierlichkeit dieser Grablegung des unglücklichen Saliers müssen – gerade in Erinnerung an die vorhergegangenen, üblen Dinge – von überwältigendem Eindruck auf alle Anwesenden

gewesen sein. Heinrich V. mag in dieser Stunde der letzten Absolution wirkliche Reue empfunden haben. Jedenfalls bewegten ihn die Gebete und verhallenden Litaneien zu einer beispiellos großmütigen Tat, die er den versammelten Fürsten und Bischöfen alsbald kundtat „zum Zeichen seiner besonderen Liebe“ für die Stadt Speyer und wohl auch, um auf diese Weise ein letztes Vermächtnis seines toten Vaters zu erfüllen.
Die Privilegien der Stadt Speyer haben bis dahin in der deutschen Geschichte kaum ein Beispiel: Der erste Freiheitsbrief enthält die Befreiung der Bürger der Stadt vom sogenannten Buteil, also von jener Teilabgabe – modern etwa Erbschaftssteuer –, die der Grundherr eines Besitzes vom Vermögen dessen, der auf seinem Grund ansässig war, bei dessen Tod fordern konnte.
Die Urkunde verfügt, dass „niemand, weder ein Höherer noch ein Niederer, noch der Vogt des Bischofs noch dieser selbst beim Tode eines Speyerers etwas von dessen Besitz oder Hausgerät wegnehmen“ dürfe. Die Bürger der Stadt sollten fortan frei und ungehindert über ihr Eigentum verfügen können. Mit dieser Maßnahme war – in Anwesenheit des Bischofs, der als Zeuge fungierte – von den Speyerern das Hauptmerkmal der so gefürchteten Hörigkeit jener Zeit genommen. Sie erhielten durch den kaiserlichen Erlass die Möglichkeit, ein freies und von keiner dritten Seite gehemmtes Gemeinwesen aufzubauen.
Die eingeleitete Entwicklung war durch den zweiten Freiheitsbrief noch gefördert worden: Hierin befreit der Kaiser die Speyerer von jedem innerstädtischen Zoll, vom Bannpfennig, von Strafgeldern, Schoßpfen-

nig und Bannwein, also dem Recht des bischöflichen Vogtes, zu bestimmten Zeiten des Jahres allein innerhalb der Stadt Wein zu schenken. Außerdem wurden die Bürger von Naturalleistungen und Frondiensten für den Bischof oder kaiserliche Beamte entbunden und ihnen zugestanden, in keinem Falle für jedweden Spruch vor einem auswärtigen Gericht erscheinen zu müssen. Außerdem sollte, wer Jahr und Tag in der Stadt ein Haus oder einen Hof besitze, hierüber keinem Verantwortung schuldig sein. Der Kaiser bat, den Dank für diese Freiheiten dadurch abzustatten, dass die Bürger am Jahrestage seines toten Vaters an dessen Grab beten sollten und die Messe mit einem brennenden Licht besuchten. Auch sollte aus jedem Haus den Armen ein Brot zur Linderung der Not gereicht werden.

Das war – in großen Zügen – die Befreiung der Speyerer von bischöflichen Vorrechten und die Mündigkeitserklärung unserer Vaterstadt.

Die hauptsächliche Auswirkung der erlangten Freiheiten machte sich aber in dem der Bürgerschaft zuerkannten Recht bemerkbar, fortan aus ihrer Mitte einen Rat von zwölf Männern zu wählen, die durch einen heiligen Eid verpflichtet sein sollten, für die Gesamtheit der Einwohner nach bestem Können, Wissen und Vermögen zu sorgen und so das Gemeinswesen zu regieren. Die Speyerer konnten also am Aufbau ihrer eigenständigen Verfassung mit der Arbeit beginnen und sich in ihrem eigenen Hause nach Gutdünken einrichten. Seit jener Stunde beschritt Speyer den stolzen Weg zu einer freien Stadt des Reiches, und es ist

aller Grund gegeben, dieses „Geburtstages“ unseres Stadtrates gebührend zu gedenken.
Zwar kosteten die Kämpfe und Wirren der kommenden anderthalb Jahrhunderte noch manchen harten Strauß. Der Bischof blieb ja zunächst noch oberster Gerichtsherr und Inhaber anderer Befugnisse. Aber die Speyerer konnten an keinem Tag den Willen des Kaisers übersehen und nutzten diesen Ansporn mit ortsüblichem Temperament gar wohl: Heinrich V. hatte geboten, dass der Wortlaut der beiden Privilegien über der inneren Paradieswand, im weiten Bogenfeld des Portales des Domes, in goldenen Lettern um sein Bildnis eingegraben werde. Die Freiheitsbriefe der Stadt waren, den Bürgern so gut wie dem Bischof, sichtbar in die Steine des Domes geschrieben.
Das geschah im Herbst 1111, vor nun fast 900 Jahren. Heinrich IV. wurde am 14. August zur letzten Ruhe gelegt, die Freiheitsbriefe sind am 19. September ausgefertigt und gesiegelt worden. Aber wenn auch die Daten der Tage strittig wären, geblieben ist die Erinnerung an die größte und wohl stolzeste Stunde der Stadt Speyer, der der Dank zweier Kaiser galt, „dergleichen zuvor in Teutschland niemals herkommen.“

KAMPF ZWISCHEN BISCHOFSPFALZ UND RATSHOF

Über die Speyerer Weininterdikte kam es zu blutigen Auseinandersetzungen

Im 13. und 14. Jahrhundert erreichten die Kämpfe zwischen Bischof und Rat von Speyer Höhepunkte, die bei aller Tragik offenen Streites der Komik der Situation nicht entbehrten. Seit dem Erstarken der kaisertreuen Stadt riss die Kette der Auseinandersetzungen eigentlich nie ab. Mochten auch politische Ereignisse im Reich, die Fehden zwischen Kaiser und Kirche, die allgemeine Stimmung beeinflussen: Vordergründig blieben doch die Differenzen, um Rechten und Pflichten der beiden so verschiedenen Gewalten Geltung zu verschaffen. Da standen Verlangen und Verneinung schroff gegenüber, und Speyer war ein heißes Pflaster. Das pfälzische Temperament tat ein Übriges, um die Dinge zu komplizieren.
Ein besonders heikles Kapitel waren die Steuern, Zinsen, Zehnten und Gülten, die der Bischof verlangte. Die Stadt war ihm in geringem Maße zu diesen Zahlungen verpflichtet, der Bürgerstolz erwies sich jedoch mit dem Emporkommen des reichsstädtischen Selbstbewusstseins immer widerspenstiger, und schließlich war der Zeitpunkt erreicht, da man nicht mehr gesonnen war, dem Oberhirten Leistungen zuzugestehen, die man selber ebenso gut verwenden konnte. Besonderen Ärger bereitete den Ratsherren die merkantile Begabung der Domherren, die von ihren reichen Pfründen an den Hängen der Haardt ungeheuere

Mengen wohlfeilen Weines in die Stadt bringen ließen und aus ihren wohlgefüllten Kellern, die alle auf bischöflichem Hoheitsgebiet, also im „Zollausland" lagen, die Reichsstadt mit Trinkbarem überschwemmten. Der also veräußerte Fassinhalt verhieß klingenden Lohn und erbrachte hohen Gewinn, schädigte aber den Rat um die Weinsteuer und um die Abgaben, die ihren Weg nicht in die Kassen des speyerischen Säckelmeisters, sondern in die Geldtruhen der Prälaten nahmen.

So verfügte der Rat im Jahre 1282 in Verärgerung und boshafter Laune, dass „kein Bewohner der Stadt öffentlich oder heimlich bei den Geistlichen Wein holen oder in deren Weinschenken trinken solle". Die Speyerer waren im Recht, alte Verträge garantierten ihnen diese Freiheiten. Doch war auch zu jener Zeit Papier recht geduldig, und die Kapitulare kümmerten sich wenig darum. Der Bischof reagierte auf den Erlass des Rates mit massiven Drohungen. Er ließ die Stadtväter wissen, dass er, falls man nicht binnen acht Tagen diese Anordnung rückgängig mache und sich für ihr Zustandekommen entschuldige, die Stadt Speyer mit dem Kirchenbann belegen werde. Solches Verlangen war den Speyerern aber doch zu stark, und die Drohung erreichte das Gegenteil. Man pochte auf die verbrieften Rechte, verweigerte dem streitbaren Oberhirten jede Genugtuung, und die Grüße, die im Bischofshof ausgerichtet wurden, klangen den Domherren gar übel in den Ohren.

Der Bischof war entschlossen, den Kampf auszutragen. Er verhängte über die Reichsstadt das Interdikt, gebot allen Geistlichen, den Gottesdienst einzustellen, die Kirchen zu schließen und die Stadt zu verlassen. Das Domkapitel zog zum Tore hinaus, und die Speyerer lachten und höhnten auf den Gassen. Nun stand der Dom leer, die Glocken und Gesänge waren verstummt, die Neugeborenen blieben ungetauft, kein Lebender konnte das Sakrament empfangen, kein Verstorbener ein kirchliches Begräbnis erhalten. Und das alles „des Weines wegen". Im Vertrag von Verdun war Speyer aus diesem Grunde einst dem ostfränkischen Reich zugesprochen worden.

Die Bürger, einig in der Ablehnung bischöflicher Machtexperimente, zeigten für das Interdikt wenig Verständnis und reagierten auf ihre Weise. Die Häuser der davongezogenen Domgeistlichkeit wurden erbrochen, und man plünderte und zerstörte mit Hingabe und Zorn, was an die Kapitulare erinnerte. Doch genügte dieses Wüten nicht, um den Grimm der Städter zu besänftigen. Nachdem die Domherrenhöfe heimgesucht waren, zog man vor die Tore, und die Speyerer statteten den umliegenden Dörfern und Weilern im hochstiftlichen Gebiet Besuche ohne Einladung ab. Im Handumdrehen hatte sich ein munterer Kleinkrieg entwickelt. Der Bischof dürstete nach Rache und ließ die Besitzungen der Stadt im Speyergau zur Vergeltung besetzen. Das Sengen und Brennen hätte wohl auch noch eine Weile gewährt, wenn nicht der König dazwischen gefahren wäre. Herr Rudolf von Habsburg warnte beide Parteien mit einem unmissverständlichen Machtwort, und die Speyerer zogen es nun doch vor, nachzugeben. Rat und Bischof beugten sich dem Schiedsspruch des Herrschers, man einigte sich, dass die erlittenen Verluste von jeder Seite selbst getragen

Maximilianstraße mit Kaiserdom (Westwerk)
und dem Stadthaus,
im Vordergrund das Standbild eines „Jakobspilgers"

werden sollten; der Bischof löste den Bann, und am 21. Oktober zog die Geistlichkeit wieder in Speyer ein. Nun war aber bei dem damaligen Vergleich doch nur ein Friede auf Zeit geschlossen worden. Weder der Rat noch das Kapitel dachten daran, sich auf solche Art zu bescheiden. Man hielt zwar einige Jahre Ruhe, drückte wohl auch hin und wieder ein Auge zu – aber das Feuer von 1282 schwelte unterirdisch weiter, und 1302 brach der Brand von neuem aus.

Nun waren beide Seiten entschlossen, ganze Arbeit zu leisten. Der Rat ließ die Bürger durch die Sturmglocke zum Retscher rufen und ihnen verkünden, dass man beschlossen habe, die verbrieften Rechte unnachsichtlich zu wahren und notfalls auch mit der Waffe zu verteidigen. Erneut erging der Befehl, dass kein Bürger von der Geistlichkeit Wein kaufen dürfe. Außerdem wurde es untersagt, den Domherren und Stiftskapiteln irgendwelche Zinsen, Zehnten oder Gülten zu zahlen. Die Stadt habe es satt, sich andauernd bevormunden zu lassen, und wenn der Bischof die Fehde suche, so könne er sie jetzt haben. Ein Zurückweichen komme nicht in Frage. Sonst sei es in wenigen Jahren nicht mehr möglich, sich der Hoffart der Kapitulare zu erwehren. Lieber wolle man schon heute, an dieser Stelle, Hab und Gut, Leib und Leben wagen und darangehen, um die Freiheit zu wahren.

Die Bürger stimmten den Beschlüssen des Rates zu, und damit waren die Würfel gefallen.

Herr Sigibodo, damals Bischof von Speyer, beantwortete die Verordnung des Rates mit neuem Bann. Abermals wurden die Kirchen verschlossen, von neuem verließ die Geistlichkeit die Stadt. Der Bischof bot aber jetzt auch seine weltliche Macht auf, um die aufsässigen Speyerer zu züchtigen. Er sammelte bewaffnete Haufen vor den Toren, und die Dienstknechte des Hochstifts überfielen unter Führung des Herrn Heinrich von Fleckenstein die Güter, Weiler und Dörfer der Speyerer auf beiden Seiten des Rheins. Ihrem Rauben und Brennen entsprachen die Vergeltungsmaßnahmen der städtischen Söldner. Wieder wurden die Domherrenhöfe geplündert, abermals zogen die Reichsstädter ins hochstiftliche Gebiet und setzten den Untertanen des hochwürdigsten Herrn den roten Hahn aufs Dach.

Diesmal kämpfte man verbissener als 20 Jahre zuvor. Die Ratsherren dachten gar nicht daran, sich auf ein Nachgeben einzulassen. Der faule Friede von 1282 hatte gewarnt. Über sieben lange Monate währte die Probe der Macht, und langsam begann Herr Sigibodo doch einzusehen, dass er auf solchem Wege zu keinem Ziel gelangen konnte. Der Schaden, den er den Speyerern antun würde, stand in keinem Verhältnis zu seinen eigenen Verlusten. Die Bürger saßen grinsend hinter dicken Mauern und Toren und harrten wohlausgerüstet aus. Sie hatten die Zeit als Bundesgenossen – und diese Hilfe sicherte ihnen den Erfolg. Da sie keine Anstalten machten, dem hochwürdigsten Herrn auch nur ein Stücklein Weges entgegenzukommen, musste er sich wohl oder übel bequemen, um Versöhnung zu bitten. Er bot die Hand zum Frieden, aber der Rat ließ sich nun erst recht Zeit, sie zu ergreifen.

Zunächst wollte man sich doch einmal anhören, was Bischof und Kapitel für diesen Frieden zu zahlen gesonnen seien. Draußen, auf freiem Felde, am Rand des Schifferstadter Waldes, trafen sich die Unterhändler. Der Rat sah auf Form und verlangte die Einsetzung unparteiischer Schiedsrichter. Auch dazu war der Bischof bereit. Er wollte nach Hause, und so willigten die beiden Ritter Eckebrecht von Dürkheim und Werner von Ruppertsberg ein, ihm diesen Dienst zu erweisen. Der Rat ließ sich bei den Verhandlungen von den Ratsherren Johann Kleemann aus Mainz und Heilmann Holtmuth aus Worms vertreten. Die also Beauftragten feilschten drei Wochen, und endlich hatte man sich auf folgende Bedingungen geeinigt: Die Geistlichkeit solle fortan keinen Wein mehr verzapfen, sondern ihn selber trinken. Man wolle ihr in der Zeit zwischen Ostern und Pfingsten eines jeden Jahres das Recht zugestehen, über die Straße zu verkaufen. Aber ausrufen sollten sie diese Möglichkeit nicht dürfen. „Reklame" war verboten. Wer von beiden Seiten Schaden erlitten habe, der solle ihn auch dieses Mal wieder selbst tragen. Die Gefangenen sollten sofort freigelassen werden. Der Bischof verpflichtete sich, für die Zeit der Fehde keine Steuer- oder Zehentnachzahlungen zu verlangen. Wegen der fälligen neuen Abgaben wolle man sich vergleichen. Endlich musste das Kapitel versprechen, die Klage, die zwischenzeitlich in Rom gegen die freie Stadt erhoben war, zurückzuziehen, die Anwälte heim zu rufen, und es sollte auch alles, was unter Umständen dort schon entschieden war, keine Gültigkeit haben. Keiner sollte Nutzen, keiner Schaden von solchem Spruch empfangen. Entgegen allen Erwartungen baten die Speyerer aber nicht darum, das Interdikt aufzuheben. Sie wollten dem

hohen Herrn schon zeigen, dass man auch ohne ihn recht gut ausgekommen war.
Der Bischof versprach, alles getreulich zu halten, was von ihm verlangt wurde. Der Rat zog es aber vor, ihn den Eid darauf schwören zu lassen. Er tat auch das noch.
Zwar beendete dieser Friede nicht die Reibereien und Schwierigkeiten zwischen Bischofspfalz und Ratshof. Die dauerten an, so lange es eine freie Reichsstadt Speyer und ein souveränes Hochstift gab. Aber von nun an zerraufte man sich wenigstens nicht mehr „des Weines wegen", weil jeder seinen eigenen trank.

HOCH AUF DEM GELBEN WAGEN ...

Ein Kapitel Speyerer Postgeschichte

Wenn am Morgen eines jeden Tages der Briefträger die Post an die Tür bringt, dann ist an einer solchen Alltäglichkeit kaum etwas Besonderes zu finden. Man ist's gewohnt und höchstens ein wenig ungehalten, wenn die feststehende Stunde einmal überschritten wird. Die Selbstverständlichkeit, dass all das, was wir mit dem Begriff „Post" verbinden, reibungslos funktioniert, fordert kaum weitere Überlegungen. Schließlich war das schon immer so, und warum sollte es anders sein?
Nun, die Geschichte unserer Stadt hat auch eine bunte Folge postalischer Erinnerungen aufgezeichnet. Und da das, was wir heute so angenehm gewohnt sind, in

vergangenen Tagen ganz und gar nicht so gewesen ist, wie wir's uns vorstellen, mögen die folgenden Beiträge ein wenig von jener besonderen und so interessanten Vergangenheit erzählen.

Speyers Postgeschichte beginnt – wer hätte das geglaubt – bereits im 15. Jahrhundert. Die Kurierpost, die die Niederlande mit dem fernen Wien verband, hatte hier eine Station, und ihr Weg führte nicht nur bei Rheinhausen über den Strom, er teilte sich dort sogar in zwei überaus wichtige Strecken. Die Reiter des Kaisers, die von der Donau ihre versiegelten Pergamente gen Westen trugen, sagten sich an der Fähre Lebewohl. Während der eine über Speyer nach Trier und Brüssel ritt, gab der andere seinem Rappen die Sporen, um über Worms nach Köln und bis Mecheln zu gelangen. Über Speyers Straßen aber mussten sie allemal galoppieren.

Schon 1490 schrieb der Kaiser Maximilian dem Rat unserer Stadt einen Brief, in dem er den „Lieben, Ehrsamen und Getreuen" die Auflage machte, fortan einen reitenden und einen Fußboten auf Kosten des hiesigen Stadtsäckels zu stellen. Ja, sogar der große Karl V. fühlte sich Anno 1531 gemüßigt, den Speyerern die Unterstützung und Hilfe für seinen Postmeister zu Rheinhausen angelegentlich ans Herz zu legen.

Neun Jahre später schrieb der Herrscher wieder in Postangelegenheiten hierher. Dieses Mal gings um Geld: Die Stadt solle – wohl zur gelegentlichen Abholung – eine bestimmte Summe bereithalten und dem Bevollmächtigten des Postmeisters Baptista de Taxis aushändigen. Ein anderer derer von Taxis, Herr Octavius, Postmeister zu Augsburg, bat 1613 den Postmeister beim Rheinübergang nach Speyer, er möge doch so freundlich sein, ein paar Füllen auf seinen Weiden grasen zu lassen. Und damit er's nicht umsonst tue, bot der hohe Herr dem Rheinhauser zeitweilige freie Expedition von Briefen an.

Die Postnachrichten werden in der Folge häufiger: So ist uns zum Beispiel eine Bitte der Speyerer Metzger aus dem Jahr 1636 erhalten, mit der sie um Abnahme der Postpferde ersuchten. 1650 führte der Postmeister von Rheinhausen bewegte Klage gegen die Stadtväter von Speyer, weil man ihm überkommene Postrechte streitig machen wolle.

Überhaupt haben die Rheinhauser Postgewaltigen allerlei Fäden in der Hand gehabt. Sie verhandelten wie gute Geschäftsleute, und so schlug einer von ihnen im Jahr 1730 der Stadt Worms einen Vertrag zwecks Befreiung von Wein- und Mehlgeld vor. Ob daraus etwas geworden ist, wissen wir allerdings nicht.

Zwischen 1710 und 1713 begegnen wir in den Urkunden zum ersten Mal dem Projekt des Rates, in Speyer selbst eine reitende und fahrende Post zu errichten. Bis es so weit kam, vergingen jedoch noch einige Jahre. Zwischen 1736 und 1740 errichtete der Speyerer Franz Christoph Britz die erste Posthalterei am Ort.

Die Stadtverwaltung erhielt 1754 Portofreiheit für amtliche Sendungen. Und in jenen Tagen betrieb man auch eifrig das Vorhaben, nun endlich eine „Diligence", eine Eilkutsche, von Straßburg nach Mannheim zu bekommen, von deren Halt in Speyer man sich einigen Vorteil versprach. 1769 erwähnt der Speyerer Postmeister Holzmann in einem Brief nach Ausburg den wöchentlich zweimal abfahrenden Postwa-

genverkehr zwischen unserer Stadt und der pfälzischen Residenz Mannheim. Die Pläne hatten demnach recht bald eine Ausführung gefunden.
Am 15. April 1773 wird ein anderer Britz, Friedrich Christoph seines Namens, als kaiserlicher Postmeister zu Speyer vereidigt. Der Rat der Stadt kümmerte sich mit aufrichtigem Interesse um die postalischen Belange. Ja, er korrespondierte sogar in geheimer Form mit seinem Gesandten in Regensburg über „Prinzipia" der Posthalter, was darauf schließen lässt, dass die Beziehungen zwischen den Stadtvätern und den Jüngern des Fürsten von Thurn und Taxis nicht immer ungetrübt gewesen sind. Eine ganze Reihe von Briefen galt der so begehrten Portofreiheit. Allem Anschein nach war der Reichspostmeister bei der Vergabe solcher Privilegien ein wenig sparsam.
Speyers Verbindungen mit dem Postfürsten und seiner achtbar guten Organisation wurden jäh unterbrochen. Die französischen Revolutionskriege hatten nicht nur der Reichsfreiheit der Stadt ein Ende bereitet, sie hatten auch die Staatsgrenzen geändert. Das linke Rheinufer war durch den Frieden von Lunéville zum Kaiserreich Frankreich gekommen. Französische Posthalter quartierten sich ein, und eine der sieben Postmeistereien des Donnersbergdepartements erhielt ihren Sitz in Speyer.
Doch wie die Dinge auf diesr Welt nun einmal laufen: Das Alte kehrt gar oft zurück. Und so kam auch nach 1814 der fürstlich thurn- und taxi'sche Postmeister wieder, als sein französischer Amtsvorgänger die Trikolore am Hause eingerollt hatte und heimwärts gezogen war.

Am 18. April 1816 endete die „Reichspostgeschichte“ Speyers in erster Auflage. An jenem Tage übernahm das Königreich Bayern die Postverwaltung des neuen Rheinkreises in eigener Regie. Der Fürst wurde fürstlich abgefunden. Max Joseph zahlte ihm erst einmal hunderttausend Gulden in bar und dann fortlaufend bis zum Jahre 1828 noch weitere 25 000 Gulden pro Jahr, um die Rechte des ehemaligen Reichspostmeisters in seinen Landen abzulösen. Außerdem wurden dem Postfürsten noch reiche Domänen überschrieben. Speyer erhielt ein „Oberpostamt“. Ihm unterstanden von nun an die königlichen Postanstalten Barbelroth, Bergzabern, Blieskastel, Bruchmühlbach, Frankenstein, Frankenthal, Germersheim, Hochdorf, Homburg, Kirchheimbolanden, Kusel, Landau, Landstuhl, Langenkandel, Lautern, Neustadt, Oggersheim, Rheinzabern, Rohrbach, Sembach, Standenbühl, Dürkheim, Winnweiler und Zweibrücken. Der Sprung nach oben war beachtlich. Der „Postbesitznahme-Kommissär“, Herr Generalpostdirektionsrat von Wolf, trat an die Spitze der Verwaltung und brachte in offizieller Form das Wappen des Königreiches am Speyerer Amtsgebäude an. Das königliche Oberpostamt war Postamt für Speyer zugleich.

Im Jahre 1816 taten demnach ein Oberpostmeister – Graf von Taufkirchen – , ein Inspektor fahrender Posten und Kassierer, ein Revisor, der gleichzeitig den Lokalpostdienst zu versehen hatte, ein Kommis, ein Kondukteur, ein Briefträger und eine Poststallmeisterin Dienst in der Stadt. Ein geeignetes Gebäude zu finden, war gar nicht so einfach. Es war das Schicksal des Speyerer Postamtes, zu wandern. Zunächst be-

gnügte man sich mit der Privatwohnung des Verwalters Reibelt. Der gesamte Publikumsverkehr spielte sich in einem Raume ab. Die Herren der Oberpostverwaltung mieteten Zimmer dazu.
1817 kaufte die Post dem Einnehmer Kreuzer ein Haus ab. Doch des Bleibens war nicht lange. Da das Dienstgebäude als Wohnung für den Regierungspräsidenten bestimmt wurde, bewilligte der Fiskus dem Postamtsverwalter Siry einen Mietzuschuss von 300 Gulden im Jahr, knüpfte allerdings die Bedingung an diese Zahlung, dass der Postmeister im Amtshaus auch Wohnung beziehen müsse. So zog man denn um in die Ludwigstraße. Doch sechs Jahre später erwies sich der Raum als zu klein. Man packte erneut und verzog ins Sick'sche Haus Ecke Andreas- und Schustergasse. Der Gastwirt Sick, der auch den Poststall unterhielt, strich im Jahr dafür 500 Gulden ein. Immerhin hatte man nun fünf Zimmer zur Verfügung: Eines für den Vorstand und die Kasse, dann eines für die Revision, ein drittes für die Kanzlei und Registratur, ein anderes für die Expedition und endlich das letzte für den „jourhabenden Offizialen“. Als man in Speyer in den fünfziger Jahren dann eine „Telegraphenstation“ installierte, wurde sie zusätzlich im Sick'schen Anwesen untergebracht.
Das Oberpostamt wohnte auch in Miete. Zunächst genügten die Räumlichkeiten des Müllerschen Anwesens am Königsplatz, aber bald zog man ins städtische Kaufhaus um. Kaum dort angelangt, suchte man erneut einen günstigeren, größeren Platz. Der Oberpostmeister zog ins Lichtenberger'sche Haus in der Johannesstraße. Zudem wurde das Heydenreichhaus

gemietet, das Telegraphenstation und Telegrapheninspektion aufnahm.
Die Paketabfertigung mit einigen weiteren Sachbearbeitungen erhielt beim Metzgermeister Hummel in der Herdstraße ein Domizil. Alle geschilderten Wanderungen und Umzüge spielten sich im Lauf von kapp siebzig Jahren ab. Man war's müde bei der Post und wandte sich mit der dringlichen Bitte nach München, nun doch endlich etwas Ganzes zu tun. 1896 bewilligte der Landtag die Summe von 950 000 Mark für einen Neubau. Als Plätze standen ein Gelände am Bahnhof und die alte Storchenbrauerei zur Wahl. Man erwarb das Brauereianwesen, riss es ab und baute das Postamt, wie wir es heute kennen. 1901 zogen die Dienststellen des königlichen Oberpostamtes und des Postamtes in das eigene Haus ein.
Doch wir wollen nicht allzu weit in das letzte Jahrhundert geraten. Der praktische Betrieb der Speyerer Post im vorletzten Jahrhundert verdient nach dem Bericht der äußeren Ereignisse schon eingehendere Beachtung, da er ein ganz eigenes Bild der Zeit vermittelt. Ohne „Aktion Igel" zu planen, taten die beiden Offizianten vor einhundertsiebzig Jahren ununterbrochen von 5 Uhr früh bis um 21 Uhr und 45 Minuten am Abend Dienst. Man bewilligte solchen treuen Staatsdienern in Würdigung der Leistung gemäß Dienstanweisung eine „Essenspause von 45 Minuten". Erst 1853 wurde ein Bürodiener engagiert. In der Personenliste des Jahres 1882 werden vier Briefträger genannt. Sie stellten die Sendungen im gesamten Stadtgebiet zu. Die Orte Berghausen, Dudenhofen, Hanhofen, Harthausen, Heiligenstein, Mechtersheim,

Neuhofen, Otterstadt und Waldsee wurden durch „Landzusteller" bedient.
Der Fahrdienst, in der Zeit vor Erbauung der Eisenbahn die einzige amtliche Beförderungsmöglichkeit für Reisende und Waren, hatte seine eigenen Tücken. Von den thurn- und taxisschen Diligencen war nach der französischen Zeit nichts mehr geblieben. Die Franzosen hatten dafür bis 1814 eine recht gute Post zwischen Mainz und Straßburg eingerichtet, die in Speyer Station machte. Doch nach den unruhigen Jahren der napoleonischen Kriege reisten die Leute nicht mehr sehr gerne. Zumindest bei uns nicht. Wir finden in den Aufzeichnungen der Post immer wieder Klagen über die mangelnde Rentabilität der Kutschenstrecken. Der Speyerer Poststall war hauptsächlich auf die Einnahmen aus Extrafahrten und aus dem Estafetten- und Kurierdienst angewiesen.
Diese Erlöse müssen dürftig gewesen sein. Es heißt, dass „Speyer weder Reize besitzt (!), noch eine Verbindung mit bedeutenden Städten hat, um gelegentlich von Extrareisenden besucht zu werden". Hatten die Franzosen dem Postmeister noch einen Zuschuss für seine Pferde als „Indemnité" gezahlt, so fiel diese Subvention in der Folge fort. Da die Überschwemmungs- und Hungerjahre nach 1816 die Preise für Futter beinahe unerschwinglich gestalteten, verzichtete die Poststallhalterin Sibilia Plappert kurzerhand auf ihre Rechte. Der Gastwirt „Zum Einhorn", Adam Freytag, wurde ihr Nachfolger. Er hatte laut Vertrag mit dem Staat auf eigene Rechnung zwölf diensttaugliche Pferde, vier Chaisen, darunter wenigstens drei

„halbbedeckte“, zwei einspännige Karren und drei „Estafettentaschen“ bereitzuhalten.
Für seine Dienste erhielt er beispielsweise folgende Vergütung: Für den wöchentlich dreimal erfolgenden Ritt nach Oggersheim 1 Franc und 30 Centimes. Nach Germersheim kostete es ebenso viel. Auch dorthin musste dreimal in der Woche geritten werden. Die gewöhnliche Bespannung des Postwagens nach Germersheim mit zwei Pferden, die alle zwei Tage die Kutsche nach dort zogen, brachte pro Pferd und Meile einen Franken und fünfzig. Fahrgäste zahlten an den Posthalter direkt. Freytag starb schon 1818, seine Witwe führte den Dienst noch bis 1822 mit den Postillionen weiter. Dann kam die Fahrpost in unserer Stadt an die Familie Sick. Sie behielt sie bis 1913, also durch 91 Jahre.
In diesem Jahr übernahm der Spediteur Merdian den Poststall. Er wurde Speyers letzter Posthalter. Am 30. September 1926 wurde die Pferdepost aufgehoben und die letzte Postkutsche in die Remise gefahren. Die Eisenbahn hatte seit Mitte des vorletzten Jahrhunderts den Personenverkehr stark an sich gezogen, zumal schon 1847 von Speyer aus täglich vier Züge nach Nord und Süd fuhren ...
Wenn auch die Uniformen der bayrischen Postillione äußerst schmuck ausschauten, so war’s mit der Romantik der Kutschenzeit nicht sehr weit her. 1818 zum Beispiel ging am Tage einmal ein Wagen nach Mannheim ab. Er fuhr morgens um 6 Uhr. Er hatte am anderen Tage (!) um 5 Uhr früh Anschluss zur Post nach Heidelberg. Zweimal in der Woche konnte man von da Verbindung in Richtung Würzburg und München

bekommen. Und wenn man Glück hatte, die Pferde nicht lahmten und kein Rad brach, kam man einige Tage später auch am Ziel an. Blaul beschreibt eine solche Reise in seinem Rheinbuch auf köstliche Weise.

Wie wenig die Polizei in vergangenen Tagen von Postkutschen und Postillionen hielt, davon möge am Ende dieser postgeschichtlichen Erinnerungen eine kleine Episode berichten: Es war 1823. Irgend ein lustiger Postillion, der heilfroh gewesen sein mag, seinen Eilwagen ungefährdet über die Chausseen nach Speyer gelenkt zu haben, knallte beim Einfahren in die Hauptstraße lustig mit der Peitsche. Ein Ordnungshüter, der, wer weiß, aus welchen Gründen auch immer, an jenem Morgen übler Laune war, fand das unschicklich. Hätte er auf dem Horn geblasen, so wäre es nach der Meinung des Gendarmen noch zu verstehen gewesen. So aber musste öffentliche Ruhestörung festgestellt werden. Der Schwager wurde vom Bock herunter vor den Friedensrichter zitiert.

Der Postmeister des bayrischen Königs in unserer Stadt geriet ob solchen Verfahrens arg in Harnisch. Er schrieb der Speyerer Polizei einen massiven Brief. Es sei ihm unbegreiflich, wie es einem Polizeikommissär auch nur im Traum einfallen könne, sich Anordnungen, wie sie der königliche Dienst nun einmal mit sich bringe, zu widersetzen. Womit amtlich festgestellt war, dass Peitschenknallen zu den landesherrlichen Diensten zählte. Meinte der Herr Postmeiser weiter: Am Ende fiele es der Speyerer Polizei wohl noch ein, dass die Räder der Kutschen und die Hufe der Pferde mit Lumpen umwickelt werden müssten, damit die Nerven der löblichen Einwohnerschaft keiner weiteren

Strapazierung ausgesetzt seien. Ihn, den Postmeister, störe es viel mehr, dass der städtische Nachtwächter zum „Entsetzen der Fremden und zur Qual der Bewohner die ganze Nacht hindurch auf das Gräßlichste die Stadt durchheulen“ müsse ...
Die Speyerer Polizei reagierte lobenswert. Man wollte es nicht darauf ankommen lassen und zog die Anzeige zurück. Seither vermeldet die Chronik keine Differenzen zwischen Stadt und Post mehr ...

DER GEÄCHTETE DOMPROPST

Ein Kapitel aus der Geschichte der Stuhlbrüder zu Speyer

Im Jahre 1465 lebte in Speyer der Bürger Peter Schreyer, der vordem am Hof des Kaisers Friedrich in Wien in Diensten gestanden hatte. Er war auf seine älteren Tage wieder rheinwärts gezogen und hatte sich von seinem kaiserlichen Herrn die Gnade erbeten, in der Vaterstadt seine Pfründe bei den Stuhlbrüdern des Domstifts zu erhalten. Die römische Majestät zeigte sich bereit, des verdienten Speyerers Wunsch zu erfüllen; und so langte denn bald darauf bei Herrn Eberhard Pfeil, in jenen Jahren Dompropst zu Speyer und Pfleger der Bruderschaft, ein kaiserliches Sendschreiben an: Man möge den besagten Peter Schreyer seiner Meriten halber unverzüglich als Stuhlbruder in Speyer installieren und ihn auch in den Genuss der dazugehörigen Pfründe kommen lassen. Soweit klingt das alles ganz klar, und wenn man berücksichtigt,

welch mächtigen Fürsprech der Hospitant auf seiner Seite hatte, so müsste man – wollte man mit heutigen Maßstäben messen – eigentlich annehmen, dass alles ohne Umstände und Ärgernisse geschehen wäre.
Nun war der Herr Dompropst aber augenscheinlich ein eifernder Mann, der sich nicht gerne von anderen Leuten etwas sagen ließ. Er witterte in der Verfügung des Habsburgers Neuerungen, die ihm gar nicht behagten. War die Bruderschaft zu Speyer schließlich eine Altersversorgung für Hofdiener? Und hatte er bei den Berufungen nicht auch ein gewichtiges Wörtlein mitzureden? Zwar hatte der Kaiser befohlen – doch der Kaiser saß dem Herrn Dompropst zunächst einmal recht weit. Und so ließ sich der hochwürdige Herr den Peter Schreyer in die Dompropstei kommen und sagte ihm ganz unverblümt, was er von solcherlei Protektion halte und dass er ihm die Aufnahme bei den Stuhlbrüdern abschlage. Der Peter Schreyer war Speyerer, der Dompropst Pfälzer. Die Auseinandersetzung mag sich demgemäß angelassen haben ... Jedenfalls reiste der so schmählich Abgewiesene mit Gedenken, die keiner Erläuterung bedürfen, zur Donau zurück und trug seiner Majestät vor, was er in Speyer erlebt hatte.
Der Kaiser war – darüber hat ihm die Geschichte das beste Zeugnis ausgestellt – ein zwar geplagter, aber doch friedfertiger, gemütlicher Herr. Des Speyerer Dompropstes Aufsässigkeit mochte ihm aber trotzdem nicht gefallen. Und da er sah, dass man ihm Hindernisse in den Weg legen wollte, tat er das, was große Herren auch heutzutage noch tun, wenn sie ihren Willen haben wollen. Es ging schließlich um das Pres-

tige! Das kaiserliche Kammergericht wurde eingeschaltet, und ehe man sich dessen in Speyer versah, brachte ein Bote die richterliche Verfügung: Der Peter Schreyer sei unverzüglich in Recht und Pfründe einzusetzen. Verantwortlich für diesen Vollzug sei nach des kaiserlichen Herrn Willen der Bürgermeister und der Rat der freien Reichsstadt. Man solle sich gefälligst mit dem Herrn Dompropst arrangieren und sich ja nicht unterstehen, Winkelzüge zu unternehmen. Wenn sich die Stadt diesem Befehl widersetzen würde, so werde man den schuldigen Gehorsam schon zu erzwingen wissen. Seine Majestät würde nicht zögern, den Propst und den Rat gemeinsam vor Gericht zu stellen.
Herr Friedrich von Habsburg war ein schlauer Mann. Der Bürgermeister sah gleich, was da gespielt wurde, und die Sache bereitete ihm arges Kopfzerbrechen. Mit dem Dompropst wollte er sich ja nicht gerade überwerfen, der saß ihm zu nahe. Aber mit dem Kaiser in Händel zu geraten, schien noch weniger vorteilhaft. Was tut man in solchen Fällen? Man gibt dem Stärkeren nach. Also verfügte der Rat – obschon ihm das eigentlich nicht ganz zustand – des Peter Schreyers Einlogierung bei den Stuhlbrüdern.
Der Herr Dompropst war so mutig, wie sich der Kaiser als schlau erwies. Er steckte sich hinter die anderen Mitglieder der Bruderschaft, und die klagten nun beim kaiserlichen Gericht wieder, sie wollten mit dem Neuen keine Gemeinschaft haben. Er habe ihnen seit dem ersten Tag nur Leid zugefügt, und es ginge ihm wohl doch nur um Gefälle und Einkünfte. Da seien sie nun einmal dagegen. Der Propst ließ den Richtern aus richten, er sei ein gepfründeter Mann, Domherr und

Stuhlbrudergasse, benannt nach „der stuhlbruder geseße" (1340) im Vordergrund die Stuhlbruderhäuser

Priester, der Justiz also weder in Sachen seiner eigenen Person noch in Sachen dieses Handels ein Erscheinen vor ihren Schranken schuldig, und wenn da jemand zu entscheiden habe, dann sei es der Papst in Rom. Wolle der Kaiser seinen Befehl nicht rückgängig machen, so müsse man wohl oder übel nach dort ziehen, um einen Spruch zu erreichen. Der Dompropst hatte sich einen Advokaten genommen, und der verwandte sehr viel Fleiß, um alle möglichen und unmöglichen Dinge, die der Entlastung dienen sollten, nachzuweisen. Die ganze Sache wurde immer verfahrener – wie das meistens geschieht, wenn sich Juristen allzu sehr um etwas kümmern.

Doch nun grollte von der Donau her der Donner, und der Blitz, der aus der Hofburg zuckte, saß haargenau in des Propstes Dach. Der Kaiser machte kurzen Prozess. Er ließ über den Ungehorsamen in feierlicher Weise die Acht verhängen, und damit die Bruderschaft gleich einen Denkzettel dazubekäme, schloss er deren Mitglieder in das Urteil ein. Die Stadt Speyer war dem Reichsrecht verpflichtet, ohne Verzug gehalten, dem Propst und den Brüdern Pfründe und Nahrung, Geld und Gut zu sperren, ja, ihnen zur Stunde den Schutz und Schirm ihrer Mauern aufzukündigen. Um den Befehl etwas nachdrücklicher wirken zu lassen, hatte der Kaiser den Räten am Rhein kleine Erläuterungen mitschicken lassen, die keinen Zweifel aufkommen ließen, was ihnen selbst widerfahren würde, wenn sie sich vor der Ausführung drückten.

Da war nun guter Rat teuer. Der Bischof hatte sich zwar bisher aus dem Streit herausgehalten – nun aber wollte er sich doch vor seinen Propst stellen. Und die

Ratsherren wollten alles vermeiden, was in der Stadt zu Fehde führen würde. Man beratschlagte hin und her, und als der Kaiser sich nach kurzer Zeit sehr ungehalten erkundigte, was inzwischen geschehen sei, sandte man zuerst einmal eine Abordnung zum Markgrafen von Baden. Der war kaiserlicher Landhauptmann. Vielleicht wusste er einen Rat.

Die Herren trugen dem Fürsten im Nachbarland ihren Kummer vor. Sie hätten alles zwei-, auch dreimal überlegt; doch der Bischof habe den Kurfürsten hinter sich, und der sei der Stadt ohnehin nicht gerade wohlgesonnen. Zum anderen sei es schon ein arges Kreuz, die ganze Klerisei in Speyer gegen sich zu haben. Der Herr Markgraf möge sich bei der römischen Majestät verwenden. Die Stadt sehe keinen anderen Weg, denn die Sache gütlich zu regeln. Und der Propst wolle nun einmal den Peter Schreyer nicht.

Der Badener hörte sich die wohlgesetzten Reden an. Und dann fragte er, ob Speyer eine bischöfliche oder eine kaiserliche Stadt sei. Die Ratsherren antworteten aus einem Munde, der Kaiser und nur er sei ihr Herr. Worauf der Markgraf ihnen riet, sie sollten ihre Treue und ihren Gehorsam nun einmal beweisen. Nur Werk und Tat würden das vermögen. Und noch eines: Sollten sie das nicht tun, so habe er feste Befehle aus Wien, sich dementsprechend zu verhalten. Doch das sei dann wieder ein anderes Kapitel, über das man sich jedoch gar nicht erst zu unterhalten brauche.

Den Speyerern wurde es nun ungemütlich. Sie hatten aus der Rede des Badeners genau herausgehört, was der ihnen sagen wollte. Sie kehrten mit fertigen Beschlüssen über den Rhein zurück.

Am anderen Wochenanfang tat der Rat der freien Reichsstadt kund und zu wissen, dass er in Vollstreckung der Befehle seiner römischen Majestät dem geächteten Eberhard Pfeil, ehedem Dompropst zu Speyer, Schutz und Schirm aufsage und den Stuhlbrüdern Pfründe und Gefälle sperren werde. Der Propst verließ noch am gleichen Tage Speyer und kurz darauf das Bistum. Wohin ihn sein weiterer Weg führte, verschweigt die Chronik.

MANDELSUPPEN MIT HERING GEPRATTEN

Ein Speyerer Küchenzettel aus der Karwoche anno 1511

An den Kartagen – dem Gründonnerstag, Karfreitag und Karsamstag – wird auch heute noch in unserer Zeit in vielen Häusern der Stadt das kirchliche Fastengebot gehalten. Wie streng man es damit vor einigen Jahrhunderten in Speyer nahm, verrät uns ein kleines Dokument von großem kultur-historischem Wert, das im Stadtarchiv verwahrt wird und das man wohl als „Haushaltungsbuch" des Herrn Thomas Truchsess von Wetzhausen bezeichnen darf. Dieser hohe Herr war von 1507 bis 1513 Generalvikar und von 1517 bis 1523 Domdekan von Speyer. Er muss die Ordnung auch im privaten Bereich sehr geschätzt haben – jedenfalls hat er in seinem Büchlein recht aufschlussreiche Niederschriften hinterlassen und unter ihnen auch einen Speisezettel aus der bischöflichen Pfalz. Da Herr von Wetzhausen die „absentia domini episcopi Spirensis“ erwähnt, wissen wir, dass der Bischof während jener Tage nicht in der Stadt weilte. Immerhin hatte er aber vor seinem Weggang für die fastengerechte Verpflegung seiner Prälaten bestens gesorgt. Es heißt nämlich weiter, dass der „herr von Speier hat kosten lassen in der pfaltz (im bischöflichen Palais) mittwochen zu collatzen, Donnerstag, Freitag, bede gantze tag und uff osterabend zu fruhe anno 1511.“ So versammelten sich also an der oberhirtlichen Tafel der Weihbischof mit Diakon und Kaplan, der Generalvikar, einer der Kämmerer, Stäbler und Siegelbewahrer der bischöflichen Kanzlei, der Notar des Bischofs, jener des Kapitels, der Propsteipedell und einige Erzpriester.

„Uff gron Donnerstag zu frue“ (!) wurde folgendes Menue serviert: „Eine mandelsuppen und rogen von karpffen darbey, gesottene plahe hecht und karpffen, grün kräuts, salmekopff gesaltzen, ein mandelprey mit zucker, galre fisch, zu letzt rosinige, feygen, mandel und bellaria“. Solch entsagungsvolles Mahl wurde am Karfreitag wie folgt geändert: „Ein mandelsuppen mit hering gepratten, plahe hecht und karpffen, veygenprey, gepratten fisch, dhurre vorhen in einer swartzen brue, bellaria“ und sah am Karsamstag ähnlich aus: „Mandelsuppen und selbling gesotten, plahe hecht und karpffen, pratfisch, gron kraut, dhurre salmen gesaltzen, galre fisch und bellaria“.

Irgendwelche „Lacticinien“, also Speisen von warmblütigen Tieren, kamen auf der geistlichen Tafel demnach nicht vor. Neben Mandelsuppe (für die wir uns heute kaum mehr begeistern dürften, die aber im Mittelalter als Delikatesse galt) und Grünkraut bildet Fisch das Hauptgericht. Ob gesotten oder blau, gebraten, dürr oder gesalzen, in schwarzer Brühe oder Gelee („galre) – die Karpfen, Salme, Hechte und Seiblinge mundeten wohl. Feigen, Mandeln und Rosinen dienten zum Nachtisch – nicht zu vergessen das als „bellaria“ bezeichnete Naschwerk, auf gut speyerisch „Gutsel“ genannt. Nun, – man könnte wohl ohne Bedenken mithalten – obschon das Beibringen des in solcher Fülle erwähnten Rheinsalms heute ein Problem sein dürfte und unser trotz allen Verwöhntseins „kläglich“ gewordener Appetit mit mittelalterlichem Können in dieser Hinsicht nie und nimmer Schritt halten könnte. Dass der Herr Domdekan sich anderen Tages zu Ostern vom vielen Fischessen gut erholen konnte, verrät übrigens eine Notiz über den „Eingang“ der gestifteten Osterlämmer, wonach „item zu osterlicher zeyt sein mir geschenkt worden ein lamb von Remigio Knopffler, ein lamb von dem pferrer zu Forst, ein lamb von dem pferrer zu Hambach, ein lamb von des Luders Vatter Wolffen und item ein lamb der prior zu dem heyligen grab zu Speyer“. Dass Hasen und Haselhühner daneben geschenkt wurden, wird ganz am Rande vermerkt. Und für die Ostereier sorgte der Pfarrer von Gronau. Er schickte einhundert an der Zahl. Herr Thomas Truchsess von Wetzhausen notierte auch dies, da er im privaten Bereich die Ordnung schätzte. Freuen wir uns drüber – denn woher wüssten wir sonst, was man zu Speyer vor fast 500 Jahren zur Fastenzeit aß?

WER WAR DER „SPEYERER ENGEL"?

Ein Ereignis am Rande des großen Reichstages anno 1529

Der Kaiser hatte, als man 1521 in kirchlichen Fragen zu keiner Einigung gelangen konnte, das Wormser Edikt erlassen und es schon fünf Jahre später unter dem Druck der evangelischen Reichsstände auf dem Reichstag zu Speyer wieder aufheben müssen. Inzwischen zogen seine Heere gegen den König von Frankreich zu Felde, die Türken bedrohten die Ostgrenze, und im Reich standen sich die Anhänger der neuen Lehre und der katholisch gebliebenen Herrschaften gegenüber. Als er nun 1529 die Stände des Reiches nach Speyer entbot, reiste sein Bruder Ferdinand, der Karl vertreten sollte, mit sehr eindeutigen Direktiven an den Rhein. Die Weiterverbreitung der lutherischen Lehre sollte auf alle Fälle unterbunden werden. Der römischen Majestät Vorhaben gelang nicht. Dazu waren die Dinge in den vergangenen Jahren viel zu weit gediehen.

König Ferdinand wurde zu jenem Reichstag in Speyer von seinem Hofprediger Johann Faber begleitet. Faber, ein sehr kluger, geistvoller Mann, war ein unerbittlicher Feind der reformatorischen Idee und besaß bei seinem Herrn achtbaren Einfluss. Es konnte kaum Wunder nehmen, dass er sich bei den Sitzungen der Stände in massiven Worten erging und seine Meinung so deutlich vortrug, wie es jene Zeit schätzte. Man war nicht zimperlich.

Nun musste er es aber gegenüber einigen Fürsten doch recht toll getrieben haben. Jedenfalls riss dem

Herrn Simon Grynäus, der damals Professor der griechischen Sprache an der pfälzischen Hochschule war und der bei seinem Freund Melanch-thon in Speyer zu Besuch weilte, die Geduld. Er rückte dem streitbaren Priester aufs Zimmer und sagte ihm in wohlgefügter, anständiger, aber absolut deutlicher Form die Meinung. Faber hörte sich seinen Kollegen an, brach aber das Gespräch plötzlich ab, da er, wie er angab, umgehend zu König Ferdinand müsse, der ihn habe rufen lassen. Er lud seinen Gesprächspartner herzlich ein, am anderen Tage wiederzukommen. Man wolle sich über fragliche Predigten und Reden doch eingehend unterhalten und vielleicht versuchen, das Gemeinsame herauszufinden, das in dieser verfahrenen Situation allein wichtig und von Wert sei. Grynäus versprach mit Freuden wiederzukommen.

Er begab sich geraden Weges zu Melanchthon, um ihm und den dort anwesenden Freunden von seiner eben geführten Aussprache zu berichten. Während die Männer noch miteinander redeten, wurde Melanchthon überraschend aus dem Zimmer gerufen.

Auf der Diele erwartete ihn ein gutgekleideter, würdiger Greis, der ihm, ohne seinen Namen zu nennen, zuflüsterte, die Stadtknechte seien bereits im Anmarsch, um den Professor Grynäus auf Befehl des Königs in Ketten zu legen. Nur bei einer unverzüglichen Flucht sei eine Möglichkeit gegeben, zu entkommen.

Melanchthon lief in die Stube zurück, machte den Freunden hastig klar, welche Gefahr drohte und verließ zusammen mit Grynäus das Haus. Ein Speyerer zeigte ihnen den Weg zum Rhein, und es gelang wirklich, den Professor durch einen Fährmann zum anderen Ufer des Stromes übersetzen zu lassen. Als Magister Philippus wieder heimkehrte, waren die Stadtknechte bereits da gewesen, hatten das halbe Haus umgekehrt und waren, als sie den Gesuchten nicht finden konnten, schimpfend wieder davongezogen. Melanchthon, der dieses Ereignis später in seiner Erklärung des Propheten Daniel wiedergab, zweifelte keinen Augenblick daran, dass Gott seinen Freund Grynäus durch den Schutz eines Engels vor Gefangenschaft und möglichem Tod bewahrt hatte. Und so nennt er denn in seinen Schriften den Unbekannten, der die rechtzeitige Warnung überbrachte, den „Speyerischen Engel".

Man hat sich in der folgenden Zeit allerlei Gedanken darüber gemacht, wer dieser Unbekannte wohl gewesen sein könnte. Melanchthon selber berichtet, dass Faber noch in der gleichen Stunde, als er den pfälzischen Professor mit einer Einladung für den folgenden Tag entließ, bei König Ferdinand die Gefangennahme und Unschädlichmachung des Widersachers erwirkt habe. Die Rechte der freien Reichsstadt verlangten, dass eine solche Verhaftung vom Rat ausgeführt werden musste. Der König sandte also einen Boten zu den beiden damals regierenden Bürgermeistern Speyers, Adam von Berstein und Friedrich Meurer, und ließ seinen Wunsch mitteilen. Die beiden Stadtväter waren damals insgeheim, wie ein beachtlicher Teil ihrer Räte, schon seit längerer Zeit evangelisch gesinnt. Meurer entstammte einem der vornehmsten und ältesten Patriziergeschlechter Speyers, seine Ahnen waren Münzjunker gewesen. Er saß 55 Jahre seines Lebens im Rat seiner Vaterstadt, davon viele Jahre als regierendes Oberhaupt. Er zollte dem Kaiser und seinem Stellvertreter gewiss allen notwendigen Respekt – doch die Sache mit der Gefangennahme des Professors Grynäus wollte ihm nicht passen. Offiziell konnte er sich nicht weigern. Aber er wollte seine Hand nicht zu einer Sache leihen, die ihm im Herzen zuwider war.

So sann er auf einen Ausweg und fand ihn wohl in Gestalt des alten Schreibers der Freien Stadt Speyer, des Herrn Michael Geilfuß. Der wohnte nur ein paar Schritte vom Haus des Bürgermeisters entfernt, unweit der Herdstraße. Melanchthon hatte auch in dieser Straße Quartier bezogen, selbst der Kurfürst von Sachsen hielt dort Hof. Michael Geilfuß konnte also ungesehen „durch zwei enge Gäßchen“, die ihn von Melanchthons Wohnung trennten, zu den evangelischen Freunden gelangen und sie im Auftrage des Bürgermeisters warnen. Er war jedenfalls schneller als die Stadtknechte, die ihren Befehl mit einiger Verspätung erhielten und erst vom Ratshof anmarschieren mussten. Der Bürgermeister Meurer hatte, um die 125 Schritte von des Schreibers Haus zu Melanchthons Heim nicht durch weitere Zufälligkeiten zu gefährden, überdies dem Kommandierenden der städtischen Wache anbefohlen, den Professor Grynäus auf Befehl des Königs in seiner Wohnung zu fassen. Sollte man ihn dort nicht treffen, so sei es geraten, auf der Straße keine Anstalten zu machen, ihm nachzueilen oder ihn gar vor anderer Leute Augen zu packen. Man wolle Unruhe in der Stadt vermeiden. Es waren schließlich Tausende von Fremden in den Mauern.

In der zweiten Mittagsstunde aber sandte der Bürgermeister der freien und des Reiches Stadt Speyer dem König einen Boten, der unter geziemendem Bedauern vermeldete, man habe trotz sofortiger Ausführung gegebener Befehle den Professor Grynäus nicht gefangen nehmen können. Der sei dem Vernehmen nach auch nicht mehr innerhalb der Mauern Speyers, und so sähe der Rat keine Möglichkeiten, die Wünsche der Majestät zu erfüllen.

DER HOHE RAT UND DIE KINDSTAUFE

Ein kurioses Protokoll aus dem alten Speyer

Es herrschte vor mehr als vierhundert Jahren hier wie anderswo viel Freude an Feiern und Festen, und man bediente sich der munteren Anlässe, wie sie das Leben nun einmal bot. Diese Feststellung hat wohl ein wenig zeitlose Bedeutung, und es wäre auch muckerig, dagegen etwas zu sagen. Nun muss es aber im Jahre 1589 den hochedlen Herren des Rates der Reichsstadt Speyer doch in einigen Auswüchsen zu toll geworden sein, die sich ihren gestrengen Blicken nicht verbergen ließen. Sehr sachlich und nicht ohne bewusste Klarstellung in ermahnender Form beginnt eine Verordnung vom 10. Dezember: „Als auch von Alters bei den Kindtaufen Herkommen und Brauch gewesen, das man nach der Tauf den Weibern, so mit gegangen, ein Ehr- und Herumbtrunk stehend gegeben, etwan nach Gelegenheit auch ein par Eyer-Motzen oder eyn Zuckerschachtel herumtragen lassen ..." Man sieht das Bild vor sich, es ist selbst in der Amtssprache plastisch beschrieben. Der kleine Erdenbürger ist getauft, und die Eltern, Paten, die Verwandtschaft feiern bei einem Glase, ein paar Backwaren und dazu noch stehend – fürwahr puritanisch genug! Doch der Rat der Stadt beginnt nun zu zetern: „ ... und ist es nun diesem zuwider bei etlichen dahin geraten, dass sies dabei nit pleipen lassen, sondern, vor anderen gesehen zu sein, Disch gedecket und nit allein die Weiber, so mit der Kindtauf gegangen, sondern auch woll Mannspersonen dartzu gesetzet, Speis und Trank uffgetragen und gleichsamb ein halbe Hochzeit haben gehalten, zudem sie auch bei den Schenken uff den Zünfften Fisch oder Gebrattens dartzu und ein jeden besetzt Disch Wein gegeben haben ..." Nun, auch bei diesem Teil der behördlichen Schilderung fehlt es nicht an Farbigkeit. Man lebte und ließ leben – das ist gerade in der Pfalz ja keine absonderliche Sache. Doch nun kommts! „ ... dass nun etwan andere, die es am Vermögen nit haben und entweder nit geringer oder nit weniger sein wöllen oder sunst um Vermeidung sonderlicher Nachrede und Verweis willen, dergleichen thun müssen und auch nachahmen und dadurch in merklichen Unkosten stecken ...". Da hat es also doch vor über vierhundert Jahren den Herren Nachbarn und die Frau Gevatterin auch schon gestört, dass „die von nebenan" es besser konnten. Ein altes, ein ewig junges Lied. So gesehen, ist's dem Rat recht eigentlich auf die Haben-Seite zu buchen, dass er der Minderung sozialer Komplexe das Wort redete und einen allzu

krassen Unterschied unterband. Wenn man so daran denkt, was einem weisen Rat in unseren Tagen zu rügen und zu korrigieren obläge!
Die Bürgermeister im Jahre 1589 machten kurzen Prozess. Es wurde gestattet, „die Weiber, so mit Kindstauff gehen, mit einem Umtrunk und Eyermotzen“ abzufertigen. Doch wer sich unterstehen sollte, die oben gegeißtelten Übertreibungen weiterhin und verbotenerweise zu pflegen, der hatte bei Bekanntwerden der „Tat“ 10 Gulden rheinischer Währung an den städtischen Säckelmeister zu bezahlen. Es ist anzunehmen, dass der Erlass fruchtete. 10 Gulden waren nach damaligem Wert sehr viel Geld. Was man allerdings in der Bürgerschaft – sei’s nun aus Ärger, sei’s aus Schadenfreude – über des Rates Gebot sprach, verschweigen die Bücher. Aber wenn man die „Schbeyermer“ kennt, wird man sich’s denken können.

„IM QUART UND ZWANZIG BOGEN STARK ZU FRANKFURT 1612“

Ein spezifisch speyerischer „Geburtstagsglückwunsch“

Da mit dieser recht eigenartigen Überschrift wohl kaum jemand etwas Rechtes anzufangen weiß, muss der Satz wohl gleich zu Beginn erklärt werden: Quart und zwanzig Bogen beziehen sich auf Christophori Lehmanni „Chronica der freien Reichsstadt Speyer“.

Eben in diesen Wochen vor fast vierhundert Jahren ist sie zum ersten Mal erschienen und auf der Frankfurter Messe als große Neuheit angepriesen und verkauft worden. Ein solch bemerkenswertes Datum rechtfertigt wohl das dankbare Gedenken an einen Mann, dem unsere Stadt sehr rasch zur zweiten Heimat geworden war, und der ihr mit einer bis auf diese Tage nicht wieder erreichten Arbeit ein Denkmal ganz besonderer Art setzte.

An der Wiege hatte es dem Christoph Lehmann wohl niemand gesungen, dass er einst „Ehrenspeyerer" werden würde und gute fünfzehn Generationen nachfolgender Schreiber und Redakteure häufig Zuflucht zu seinem Wissen nehmen sollten. Die Wiege stand nämlich in Finsterwalde, in der Niederlausitz. Speyerer kommen bei einigermaßen normalem Lebensablauf dort nicht hin. Christoph Lehmann aber kam nach Speyer, wenn auch auf Umwegen. Er hatte an der Leipziger Universität studiert und dort 1591, als Dreiundzwanzigjähriger, die Würde eines Magisters der Philosophie erworben.

Bald darauf, im Frühjahr 1594, spielte das alte Spiel von Angebot und Nachfrage Schicksal: Der Rat der Stadt Speyer suchte zur schicklichen Erziehung der bildungsbeflissenen jungen Hasenpfühler einen gescheiten Conrektor für die Stadtschule. Lehmann bewarb sich, und die Speyerer schienen vom Eindruck seiner Vorstellung angetan zu sein: Er wurde angestellt. Man hatte eine gute Wahl getroffen. Denn schon im April 1599 avancierte der Conrektor zum Ratsschreiber, 1604 wurde er Stadtschreiber und 1606 Registrator des reichsstädtischen Archivs. Sein Wissen

und Können wurde hoch geachtet und alte Nachrichten bezeugen immer wieder, dass er seine Ämter „mit großem Fleiß, mit viel Umsicht und Würde“ ausgefüllt habe.
1602 begann er, wohl angeregt durch die Neuordnung der ihm anvertrauten Urkunden, das große Werk einer Geschichte unserer Stadt zu schreiben. Zehn Jahre hat er daran gearbeitet. Diese zehn Jahre ließen ihn zu einem Kenner unserer Vergangenheit werden, der bis heute wohl unerreicht geblieben ist. Es ist wahrhaftig ungeheuer, was der Mann an Material verarbeitet hat! Sein Buch wurde schon dadurch eine Besonderheit von wirklich überprovinzieller Bedeutung, dass er sich keinesfalls auf rein speyerische Vorkommnisse und Dinge beschränkte: Er verstand es meisterhaft, das Geschehen der Stadthistorie in den großen Ablauf der Reichsgeschichte einzubauen. So entstand, am „roten Faden“ der Vergangenheit unserer Stadt, eine Verfassungsgeschichte Deutschlands, die lange Jahre hindurch als die beste pragmatische Reichsgeschichte schlechthin galt. Das erklärt auch, dass dem schönen, großen Band fünfzig Jahre später, im Sommer 1662, eine zweite Auflage folgte, und dass 1698 und 1711 die dritte und vierte verlegt wurde, letztere von dem Ratsschreiber Johann Melchior Fuchs revidiert und bedeutend erweitert. Die Lehmannschen Chroniken, besonders die der späteren Ausgaben, sind daher auch heute noch relativ häufig zu finden und verständlicherweise gerade bei uns gern erworbene Zeugnisse einer großen Vergangenheit.
Bis 1628 stand Christoph Lehmann im Dienst der Reichsstadt. Dann aber muss – an einem 20. Septem-

ber in jenem Jahr – ein tiefes Zerwürfnis zwischen ihm und dem Rat offenbar geworden sein. In einer außerordentlichen Sitzung der Ratsherren geriet der Archivar mit einigen Stadtvätern derart aneinander, dass er auf der Stelle seine gesamten Ämter zur Verfügung stellte. Die Differenzen müssen tiefgreifend gewesen sein. Denn der Rat nahm seinen Rücktritt ohne Zögern an.

Ob der Bischof dahinter steckte? Die kommenden Ereignisse in Lehmanns Leben lassen es fast vermuten, und die wohlbekannte Empfindlichkeit der Speyerer bezüglich aller unbequemen Erfahrungen mit dem Domkapitel in jenen Tagen mag einer sachlichen Erklärung doch nahe kommen. Der Bischof von Speyer, damals auch Erzbischof von Trier und Churfürst des Reiches, ernannte jedenfalls den Christoph Lehmann kurz nach dem Krach auf dem Rathaus zum Rat auf Lebenszeit mit beachtlichen Bezügen und großzügigen Nebenentschädigungen. Lehmann blieb in Speyer wohnen, war aber viel auf Reisen und hielt sich in der Folge häufig am churfürstlichen Hof in Trier und auf der Feste Ehrenbreitstein auf. Churfürst Philipp Christoph spielte ja während des 30jährigen Krieges eine recht zwielichtige Rolle, die ihn 1635 Land und Würde kostete.

Nach dem Sturz seines Herrn floh Lehmann aus Speyer in die Reichsstadt Heilbronn. Der dortige Rat übertrug ihm das Amt eines Stadtsyndikus. Er lebte nur noch drei Jahre und wurde am 20. Januar 1638 dort zu Grabe getragen. Für die Geschichte aber ist er doch der Chronist der Stadt Speyer geblieben.

SPEYER IM DREISSIGJÄHRIGEN KRIEG

Ein Kapitel aus der dunkelsten Zeit der Reichs- und Kaiserstadt

Das neue Jahrhundert, das 1600 begann, versprach im Reich in allerlei Hinsicht nichts Gutes. Die Religionsstreitigkeiten der vergangenen Jahrzehnte hatten Fronten und Begriffe sehr verschoben, und es war neben anderen Dingen symptomatisch, dass die Freie Reichsstadt Speyer schon 1585, als der neue Gregorianische Kalender im Hochstift eingeführt wurde, nicht zu einer Änderung der Jahrtagszählung zu bewegen war. Vom Trinitatissonntag jenes Jahres an zählte man in Bischofshof und Rathaus nach zwei verschiedenen Methoden.

Die Weigerung, in einer letztlich so unverfänglichen Sache mit den Katholiken gemeinsam zu handeln, wirft ein bezeichnendes Licht auf die Lage der protestantischen Stadt am Rhein. Der Riss zwischen den Konfessionen war immer breiter geworden. Die Protestanten benützten den Rechtsstandpunkt, der ihnen durch den Augsburger Religionsfrieden gegeben war, ausgiebig zur Festigung ihrer Stellung. Die Katholiken machten hingegen den geistlichen Vorbehalt des gleichen Religionsfriedens geltend, die Reformierten schließlich, die von diesem Vertrag ausgeschlossen waren, standen zwischen den Lagern und sahen – Gott sei's geklagt – in beiden anderen Richtungen nur Gegner und Feinde. Die staatsmännisch kluge Mäßigung des Kaisers Maximilian II. hatte die Ruhe im Reich zwar hinlänglich erhalten, aber unter seinem

Sohn und Nachfolger Rudolf II. wuchsen die Gegensätzlichkeiten immer mehr, und es konnte gar nicht ausbleiben, dass die Evangelischen im Jahre 1608 in Ahausen in Franken eine Union schlossen, deren Haupt der reformierte Kurfürst der Pfalz war. Die andere Seite antwortete 1609 mit der Gründung der Liga in München. Man stand sich also wohlorganisiert gegenüber, und es schien nur eine Frage der Zeit zu sein, wann es zum Ausbruch der Feindseligkeiten kommen würde.

Wie in vielen Gegenden unseres Vaterlandes, so fand auch im Speyerischen ein kleines Vorspiel zu jenem großen Drama statt, das die kommenden Jahrzehnte bestimmen sollte. Der Fürstbischof von Speyer, Herr Philipp Christoph von Sötern, hatte in Voraussicht der herannahenden Gefahren beschlossen, unweit der Stadt das Dorf Udenheim zu einer Festung umzugestalten. 1616 ließ er unter dem Vorwand, Sümpfe trockenzulegen und Wiesen abzustechen, die Festungsgräben ziehen. Über die Straßen des Hochstifts rollten die Fuhrwerke mit Baumaterial. Der Rat der Reichsstadt hatte zwar bald Wind von der Sache bekommen und protestierte sofort beim Kaiser: Karl IV. habe schon in seinem Freiheitsbrief von 1349 den Speyerern sein Wort gegeben, dass fortan und für alle Zeiten innerhalb dreier Meilen vor den Mauern der Stadt „kein burglicher Bau“ aufgeführt werden dürfe. Da man der römischen Majestät allem Anschein nach im Ratshof nicht so recht traute, unparteiisch zu sein, wandte man sich auch an die Union und klagte dort.

Bischöfliche Gnaden hingegen kümmerten sich um solcherlei Querelen der Ratsherren zu Speyer ganz und

gar nicht. Die Festung wuchs, die Wälle wurden höher, die Tore prachtvoll und stark, die Fortifikationen nach den modernsten Erkenntnissen der Zeit angelegt. 1617 ließ der Herr Kurfürst von der Pfalz sich hören: Der hochwürdigste Herr möge gefälligst die Bauarbeiten einstellen lassen. Es entspann sich ein reger Schriftwechsel, der Bischof spannte Juristen ein, um seine Rechte nachweisen zu lassen, und es wäre wohl noch eine gute Weile so weitergegangen, wenn den Ratsherren in Speyer in der Zwischenzeit nicht die Geduld ausgegangen wäre. Sie hatten erfolgreich interveniert und mächtige Freunde gewonnen. Am 25. Juni 1618 stand der Kurfürst mit dem Fürsten von Anhalt, dem Markgrafen von Baden und dem Herzog von Württemberg, mit 4000 Mann zu Pferde und zu Fuß und 1200 gleich mitgebrachten Schanzgräbern vor den Wällen von Udenheim. Die Geschütze waren aufgefahren und in Stellung gebracht worden, und man forderte bedingungslose Kapitulation des festen Platzes. Dem Bischof blieb keine andere Wahl. Gegen eine solche Übermacht war jeder Widerstand sinnlos. Udenheim wurde auf Gnade und Ungnade übergeben.
Die Speyerer waren augenblicklich zur Stelle und halfen eifrig mit, die Befestigungen zu schleifen. Innerhalb von acht Tagen war kein Stein der Fortifikationen mehr auf dem anderen. Als die Wälle wieder in den Gräben lagen, zogen die Fürsten heimwärts, und die Speyerer hatten die Genugtuung, auf der „ganzen Linie“ gesiegt zu haben.
Während dieser eben berichteten Ereignisse vor den Toren unserer Stadt hatten im fernen Prag die böhmischen Stände zwei kaiserliche Gesandte, die ihnen

nicht gelegen kamen, kurzerhand aus den Fenstern geworfen. Die hitzigen Tschechen eröffneten unter Führung des Grafen Thurn und Ernst von Mansfelds den Krieg gegen den Kaiser. Als Rudolph starb, erklärten sie seinen Nachfolger der böhmischen Krone für verlustig und wählten den pfälzischen Kurfürsten zu ihrem neuen König. Friedrich, der als „Winterkönig" in die Geschichte einging, verlor Land und Krone in kurzer Zeit unter den Schlägen der vereinigten katholischen Heere in der Schlacht am Weißen Berge, er wurde geächtet, und der Kurfürst von Bayern, in jenen Tagen noch Herzog, aber begierig, die Würde des wittelsbachischen Vetters vom Rhein für München zu erwerben, wurde mit der Ausführung beauftragt. Der Krieg war in vollem Gange.
Unter Spinola war indessen ein spanisches Heer aus den Niederlanden an den Oberrhein gerückt und hatte die Kurpfalz besetzt. Speyer wurde alsbald von den Spaniern besetzt. Die Schleifung Udenheims trug bittere Früchte. Jedoch war das Zwischenspiel des stolzen Hidalgos nicht von allzu langer Dauer. Ernst von Mansfeld hatte den Strom in Eilmärschen erreicht, besetzte das hochstiftliche Gebiet zu beiden Seiten des Rheins, jagte die Spanier aus dem Lande und entsetzte Speyer. Dieser Befreiung war, unter den Begleiterscheinungen der damals üblichen Brandschatzung des bischöflichen Gebietes, die Aufforderung an das Domkapitel vorausgegangen, unverzüglich 200000 Taler zu zahlen, widrigenfalls man sich diese Summe unter sehr viel unangenehmeren Bedingungen holen werde. Die Prälaten bekamen es mit der Angst zu tun und setzten sich samt ihren Kassenbeständen nach

Mainz ab. Der Rat schickte Christoph Lehmann, den Schreiber der Stadt, nach Germersheim zum Mansfelder, um diesem zu sagen, die Geistlichkeit habe unter Mitnahme der Wertgegenstände Speyer bereits verlassen, und der Führer des evangelischen Kontingents möge die protestantische Stadt nicht entgelten lassen, was andere gefehlt hätten. Der Unionsgeneral hatte das auch nicht im Sinn. Er quartierte seine Soldaten hauptsächlich in hochstiftlichen Gebäuden ein und ließ den zurückgebliebenen katholischen Klerus für den Unterhalt der Truppen zahlen. Den Reichsstädtern tat er kein Leid, und sie erfreuten sich einer für Kriegszeiten ausgesprochen angenehmen Situation.

Das Glück währte aber nicht lange. Der General Tilly, Heerführer der Bayern und glühender Verfechter der ligistischen Sache, war dem Mansfelder gefolgt. Seine Truppen erlitten zwar bei Mingolsheim eine üble Abfuhr, er konnte aber bald darauf bei Wimpfen und bei Höchst siegen und entschied so den Feldzug am Rhein für sich. Im Juli 1622 marschierten die Bataillone des Erzherzogs Leopold durch das Altpörtel ein, und die Stadt wurde im Namen des Kaisers in Besitz genommen. Die städtischen Söldner wurden entwaffnet und eine Garnison von 1200 Mann kaiserlicher Truppen übernahm die Besetzung.

Herr Christoph von Sötern hatte nun also freie Hand. Die Speyerer konnten nirgendwo mehr klagen, der Kurfürst der Pfalz war ein Herr ohne Land geworden, und so wuchsen jenseits des Stromes die Mauern von Udenheim erneut und in schneller Folge empor. Bereits am 1. Mai 1623 erhielt das Dorf einen neuen Namen: Philippsburg. Der Rat musste ohnmächtig zusehen. Die Geschichte hat allerdings den Befürchtungen unserer Stadtväter Recht gegeben: Philippsburg blieb von jenem Tage an ein Fluch für die ganze Umgegend auf lange Zeit hin. Bis zu seiner Schleifung durch die Franzosen im Jahre 1801 wurde sein Besitz in vielen Kriegen immer wider heiß umkämpft, und die kriegführenden Parteien hatten natürlich stets die naheliegende Idee, das benachbarte Speyer zum Ausgangspunkt ihrer jeweiligen Operationen zu wählen.

Der Herr Fürstbischof ließ es aber bei der Erbauung der Festung nicht bewenden. Er hatte mit den Speyerern noch ein anderes Hühnchen zu rupfen. Er verklagte, begünstigt durch die veränderten Verhältnisse, die Reichsstadt beim Reichskammergericht wegen ihrer aktiven Teilnahme an der Zerstörung seiner ersten Bemühungen. Speyer wurde, wie nicht anders zu erwarten, zum Schadensersatz verurteilt. Der stolze Tag von 1618 kam teuer zu stehen. Zunächst sollten 100000 Taler an den Bischof gezahlt werden. Die Stadt war dazu nicht im Stande. Die Verluste während der ersten Kriegsjahre mit ihren wechselnden Besetzungen, Einquartierungen, Plünderungen und Verwüstungen waren zu groß gewesen. Der Rat errechnete für diese Zeit Schäden in Höhe von 377 549 Gulden! Wenn auch seit 1622 keine direkten Kampfhandlungen in und um Speyer stattgefunden hatten, so drückte der Krieg im Lande doch merklich aufs Stadtsäckel.

Zu all diesem Elend kam auch noch die Beunruhigung der Gewissen: Der Bischof hatte bereits in allen Gütern und Landesteilen der Kurpfalz, die von ihm kontrolliert wurden, die Calvinisten vertrieben und den vorreformatorischen Zustand wiederhergestellt. In Speyer selbst ließen ähnliche Maßnahmen nicht lange auf sich warten. Im April 1623 wurde den Reformierten die Aegidienkirche in der Altenburger Vorstadt (heute Gilgenstraße) weggenommen und den Kapuzinern zurückgegeben. Die Dominikanerkirche (heute Konviktskirche) wurde ebenfalls enteignet und dem Kloster zur Verfügung gestellt. Die Maßnahmen scheinen ohne besondere Schwierigkeiten durchgeführt worden zu sein. Der Rat war ohnmächtig, und jedes Aufbegehren hätte die ohnehin schon ungünstige Situation der Stadt noch mehr verschlechtert.

Der weitaus schlimmere Zeitabschnitt des Krieges begann für Speyer mit dem Wiederaufleben der Kampfhandlungen in unserem engeren Heimatgebiet um 1630. Nun kam eine schwere Belastung und Probe: Auf Jahre hinaus wurde die Stadt Schauplatz schwerer Kämpfe, da der Krieg in nächster Nähe wütete und die Bürger durch laufende Einquartierungen von der einen oder anderen Seite bedrückt wurden. 1631 hatte Gustav Adolf von Schweden, der zwischenzeitlich in die deutschen Händel eingegriffen hatte, die kaiserlichen Truppen bei Breitenfeld vernichtend geschlagen und jagte die besiegten Armeen rheinaufwärts vor sich her. Er überschritt den Rhein bei Oppenheim, und schon am 9. Januar 1632 erschien der schwedische Obrist Hornack beim Rat der Stadt mit einem Handschreiben seines Königs, das anfragte, ob sich Speyer, wie das Worms schon getan hatte, unter den Schutz Schwedens stellen wolle. Der Rat nahm ohne langes Überlegen an. So kamen also in dem darauffolgenden Monat die Schweden nach

Speyer, von Obrigkeit und Bürgerschaft aufatmend begrüßt. Die Besatzung wurde, wie einst zu Mansfelds Tagen, in den Häusern der katholischen Geistlichkeit einquartiert. Auch wurde der Unterhalt der Truppen hauptsächlich vom Dom- und den Stiftskapiteln eingetrieben. Im Mai des gleichen Jahres mussten aber die Schweden Philippsburg, das sie auch besetzt hielten, nach dreitägiger Beschießung den erneut vorrückenden Spaniern übergeben. Speyer war nun nicht mehr zu halten und wurde kurz darauf geräumt.
Wieder rückten die Kaiserlichen unter dem Kommando eines Grafen Embden ein. Die Häuser des Klerus wurden frei, diejenigen der Bürger aber von den neu angekommenen Truppen belegt. Im Übrigen trat nun ein völliger Umschwung ein. Der Fürstbischof hatte überraschend ein Bündnis mit dem König von Frankreich geschlossen und stellte die Gebiete seiner Bistümer Speyer und Trier unter den Schutz französischer Regimenter. Die Festungen Philippsburg und Ehrenbreitstein wurden hauptsächliche Stützpunkte der königlichen Truppen. Das Groteske an der neuen Situation war, dass der Fürstbischof mit dieser Manipulation in die Reihe der Feinde des Kaisers eingetreten war, denn Frankreich kämpfte ja mit Schweden zusammen gegen das Reich und demnach indirekt für die protestantische Sache! Das Domkapitel war über diese Eskapade des Landesherrn nicht gerade glücklich, der aus Staatsraison Wege ging, die den Geistlichen keinesfalls gangbar erschienen.
Wie bitter den bischöflichen Untertanen die Umstellung fiel, zeigt wohl sehr deutlich das Verhalten des Gouverneurs von Philippsburg, des Obersten Bam-

berger, der seine Soldaten des Eides gegenüber ihrem Bischof entband und sie dem Kaiser Treue schwören ließ. Doch er war natürlich viel zu schwach und die Vorräte der Festung reichten nicht aus, um wirklichen Widerstand zu leisten. Er kapitulierte vor den neuerdings im Lande herummarschierenden Schweden, und diese traten dann die Besatzungsrechte an ihre Verbündeten, die Franzosen, ab.
Auch Speyer wurde wieder von der anderen Seite besetzt. Die Schweden kamen zum wiederholten Mal. Sie blieben bis 1634 in der Stadt und zogen erst ab, als durch einen Vertrag mit Frankreich die Okkupation der hochstiftlichen Gebiete den Franzosen allein übertragen wurde. Von nun an wehten die Lilien der Bourbonen von den Türmen.
Es muss eine harte, leidensreiche Zeit für unsere Vorväter gewesen sein: Die überkommenen Aufzeichnungen berichten schlimme Dinge. Ende Juli brach eine pestähnliche Krankheit innerhalb der Mauern aus, die bis in den Dezember hinein wütete und nach den Kirchenbüchern annähernd 2 000 Todesopfer in der Stadt forderte. Die Forderungen der Besatzung stiegen von Woche zu Woche. Der Rat hatte im März 1632 monatliche Verpflichtungen in beträchtlicher Höhe übernehmen müssen, die die städtischen Finanzen zum Ruin führten. Man machte zwischen Freund und Feind also keinen Unterschied mehr – der Krieg war zum Selbstzweck geworden und lebte aus dem Lande von der Hand in den Mund.
Im Januar war es dem kaiserlichen General Gallas gelungen, mit Hilfe der zugefrorenen Festungsgräben die Franzosen zu überrumpeln und Philippsburg zu

stürmen. Acht Tage darauf standen die Kaiserlichen unter Führung des Feldmarschalls Johann von Werth erneut vor den Toren der freien Reichsstadt. Sie wurden ohne Widerstrand eingelassen, man hatte sich langsam mit dem Schicksal jener üblen Zeit abgefunden und resignierte. Die Kommandeure der neuen Besatzungstruppen, ein Freiherr von Hartenburg und ein von Metternich, behandelten das Domkapitel sehr schonend, obwohl dessen Herr und Bischof gegen seinen Kaiser im Kriege lag. Die protestantische Bürgerschaft hatte die ganze Last der Requisitionen und Abgaben zu tragen. Zudem wurde Speyer nun mit Feldstellungen armiert. Um die Stadt in Zukunft besser verteidigen zu können, warfen kaiserliche Pioniere im Norden Schanzen auf. Sie kamen mit den Arbeiten allerdings nicht weit, denn schon im März rückte der Herzog von Weimar mit schwedischen und französischen Truppen heran und erstürmte die Wälle. Die Geschütze, die die Franzosen von Frankenthal heranschafften, schossen am 15. März eine Bresche in die Stadtmauer nahe dem Kuhtor, und nach einer weiteren dreitägigen Kanonade wurde zunächst die Altenburger Vorstadt (das Gebiet zwischen Altpörtel, Landauer Tor und den beiderseitigen Randstreifen) im Kampf genommen. Trotzdem verweigerten die kaiserlichen Kommandanten die Übergabe Speyers. Erst am 21. März, als am Altpörtel und am Wormser Tor Breschen geschossen waren und schon viele Häuser der Stadt in Flammen standen, übergaben die Kaiserlichen die Stadt.

Die Franzosen zogen zwei Tage darauf wieder aus den Toren hinaus und überließen dem Herzog von Weimar die Besatzung. Er schlug sein Hauptquartier in der bischöflichen Pfalz neben dem Dom auf. Nun war die Reihe der Bedrückung wieder an der katholischen Geistlichkeit. Es wurde in diesen Tagen sehr viel geplündert und einige hochstiftliche Anwesen wurden mutwillig zerstört. Außerdem wurde dem Klerus durch die Schweden eine Brandschatzung von 80000 Talern auferlegt. Zusätzlich sollten 4000 Taler für ein Loskaufen der Glocken des Domes bezahlt werden. Der schwedische Generalkommissär Offenburg ging auf die flehentlichen Bitten der Geistlichen nicht ein: Sie mussten zahlen. Die einzige Erleichterung, die man ihnen zugestand, war ein teilweises Erlegen der Summe in Naturalien. Das heißt, dass die Schweden die Keller leerten ... Das Domkapitel stand schlimme Zeiten durch. Der Bischof war in seiner Residenz in Trier von kaiserlichen Truppen gefangen genommen worden und wurde in Wien, wohin man ihn verbracht hatte, bis zum Jahre 1645 als Staatshäftling festgehalten. Das Hochstift war ohne Herrn!

Wenn man bei solchen zerfahrenen Gegebenheiten überhaupt von Rettung sprechen kann, so kam sie den Kapitularen in Gestalt des Obersten Bamberger, dem wir ja schon einmal während dieser Jahre in unserer Chronik begegneten. Er nahte mit starken Verbänden, stürmte die Schanzen und jagte die Schweden aus der Stadt. Sein Kommen hatte zur Folge, dass die Kaiserlichen während der kommenden neun Jahre im Besitz Speyers blieben.

Wenn man in alten Pfarrbeschreibungen liest, was in diesen neun Jahren in unserer Vaterstadt alles geschah, kann man nur den Kopf schütteln. Wir können hier nicht auf detaillierte Darstellungen eingehen: Aber der Hunger war so groß am Rhein, dass man Hunde und Katzen aß und Mäuse und Ratten zu den Leckerbissen zählte. Das sind keine Übertreibungen, sondern wohlbelegte Tatsachen. Als der Rat der Stadt im Jahre 1640 wieder einmal Zwischenbilanz machte und dem Kaiser – Ferdinand II. war gestorben, Ferdinand III. war ihm auf den Thron gefolgt – in einer Eingabe die Verluste Speyers während der Jahre 1630 bis 1640 bezifferte, schrieb der Stadtschreiber die Summe von zwei Millionen und zweihunderteinundzwanzigtausend Gulden auf! Das war eine für damalige Zeiten ungeheuere, kaum fassbare Summe. Speyer war restlos verarmt.

Und draußen tobte der Krieg weiter. 1644 rückten die Franzosen wieder vor die Stadt. Der Marschall Turenne, Frankreichs hervorragendster Soldat des siebzehnten Jahrhunderts, eroberte die Stadt, wählte sie zu seinem Winterquartier, und es gelang den Franzosen tatsächlich, von nun an bis zum Ende der Kampfhandlungen 1648 im Besitz Speyers zu bleiben. Das heißt, die Besatzung blieb noch viel länger. Denn als der Friede von Münster und Osnabrück endlich, nach dreißig Jahren eines mörderischen Ringens, das aus Deutschland einen Friedhof gemacht hatte, unterzeichnet war, dachten die Franzosen natürlich nicht ans Heimgehen. Sie zogen erst 1650 ab, nachdem sie das Land in schamloser Weise ausgeplündert hatten.

Am 4. Juli dieses Jahres war der Rat der Freien Reichsstadt Speyer wieder Herr im eigenen Hause. Aber wie sah dieses Haus aus! Die nahezu drei Millionen Gulden Kriegskosten, die Speyer aufzubringen hatte, waren in höchster Not beigebracht worden. Nun galt es,

Kapitalien und Zinsen zurückzuzahlen. In der Innenstadt und den Vorstädten lagen viele Häuser in Trümmern, die Gilgenvorstadt war nahezu ganz zerstört. Die Güter und Felder vor den Toren waren durch Schanzen und Gräben verwüstet. Die Ernten der zurückliegenden Jahre waren durch die ununterbrochene Besatzung aufgezehrt. Handel und Gewerbe lagen danieder, die Einwohnerzahl hatte den Tiefstand erreicht. Auf die Landstraßen konnte man sich kaum wagen – marodierende Soldaten und räuberische Banden machen das Land unsicher und behinderten jeden Verkehr. Der Wohlstand der einst so stolzen Stadt war von Grund auf vernichtet. Zahlreiche Speyerer wanderten aus. Sie sahen in der Vaterstadt keine Möglichkeit mehr voranzukommen. Man war so verarmt, dass die Mittel zum Wiederaufbau der Häuser und zum Bestellen der Ländereien einfach fehlten.

Es ist eine Leistung von bewundernswertem Ausmaß, dass es dem Rat der Stadt in den kommenden zwanzig Jahren unter Aufwendung aller Energie und mit ausgezeichnetem verwaltungstechnischem Geschick gelang, die Schäden des drei Jahrzehnte dauernden Unglücks einigermaßen zu beheben. Zwar erlangte die Stadt nie mehr ihre vorherige Bedeutung. Aber man ging mit sehr viel Vertrauen und wirklicher Liebe zur Heimat an die Arbeit und verstand es vor allem, die Unabhängigkeit zu wahren. Schon die folgenden Jahre zeigten, wie wichtig das war. Denn die Streitigkeiten mit dem Hochstift begannen wieder, als man kaum zum Verschnaufen gekommen war. Doch hatten Rat und Bürgerschaft sehr wohl in Erinnerung behalten, was ihnen in jüngster Vergangenheit widerfahren war,

und man wachte gemeinsam und mit Erfolg über den geretteten Privilegien und Rechten.
Kein Speyerer ahnte freilich, dass die gegen Ende der Aufbauperiode beginnenden Kämpfe der französischen Invasion von 1672 den Auftakt zu einem Finale bildeten, dem gegenüber die Leiden des Dreißigjährigen Krieges sobald verblassen sollten ...

DER RIESE OLPS, DER VON DER LEITER FIEL

Der Goliath vom Speyerbach

Wenige Wochen, bevor seine Landsleute der Reichsstadt Speyer so übel mitspielten, kam im Frühjahr 1689 ein gewisser Monsieur Du Mont in die Pfalz gereist. Herr Du Mont war Schriftsteller und sammellte Eindrücke für ein neues Buch, das bald darauf unter dem Titel „Nouveau voyage au Levant" im Haag erschien. Der Band ist heute so vergessen wie sein Autor. Doch mit der Erstausgabe aus der Feder eines französischen Kriegsberichterstatters hielt eine durchaus besondere Persönlichkeit Einzug in die Literatur: Der Riese Olps, der Vizegoliath vom Speyerbach.
Besagter Olps, so berichtete unser Gewährsmann, habe im vierten Jahrhundert unserer Zeitrechnung gelebt und sei eines schönen Tages auf den unschönen Gedanken gekommen, inmitten eines starken Heeres wider die Speyerer zu Felde zu ziehen. Der

fremde Haufe lagerte Unheil verheißend vor den Toren der Stadt, und eines frühen Morgens erklangen die Signale zum Sturm.
Olps fühlte sich von diesen gellenden Trompetenstößen ganz persönlich angesprochen. Möglicherweise war er auch eine Führernatur. Er rannte jedenfalls weit vor der Schlachtreihe der Angreifer in Richtung Stadtmauer, stellte dort eine mitgebrachte Leiter an und versuchte es mit dem Emporklettern.
Das hätte er nicht tun sollen. Denn die Leiter erwies sich für den Riesen Olps als zu schwach. Sie brach mitten durch und so landete das Vorbild kriegerischer Tugenden kopfüber im Graben.
Es ist eine alte Streitfrage, ob zu jedem Achill eine Ferse oder zu jeder Ferse ein Achill gehört, immerhin war Olps trotz großer Tapferkeit gegen die kleinen menschlichen Unzulänglichkeiten nicht gefeit. Er verstauchte sich den Fuß, die Angreifer sahen ihr Idol dahinsinken und die Verteidiger erkannten flugs die Gunst der Stunde. Sie hatten ohnehin gerade hinter den Zinnenkränzen der Mauer das Pech zum Sieden gebracht, und so lag eine nutzbringende Verwendung dieses klebrigen Willkommensgrußes nahe. Unter guten Wünschen, deren das örtliche Vokabular der Domstädter bis auf diesen Tag ungezählte aufweist, leerten die Hasenpfühler den dampfenden Inhalt der Kessel vom Wehrgang hinab. Der Riese Olps starb eines heißen Todes. Jubelgeschrei auf der Mauer, Niedergeschlagenheit vor den Toren kennzeichneten die Lage: Kriege hatten und haben ihre Parallelen.

Immerhin: Die bösen Feinde zogen davon und die Speyerer kletterten, als die Luft sauber war, den Wall hinunter, um sich den dahingesunkenen Helden etwas näher zu betrachten. Er maß ganze 35 Schuh, ein Schneider hätte ihm also, um einen Frack anzumessen, nur im Liegen Maß nehmen können. Wer wollte bestreiten, dass einem solche Enakssöhne nicht alle Tage über den Weg laufen? Die Hasenpfühler waren beeindruckt und meinten, etwas vom Riesen Olps solle man schon mit nach Hause nehmen. Als Souvenir sozusagen.
Was nicht zu fest angepecht war, fieselte man heraus. Auf diese Weise wurden ein Oberschenkel- und ein Unterarmknochen sichergestellt und Richtung Rathaus transportiert.
Doch kehren wir zu Monsieur Du Mont zurück, der uns ja von dieser ganzen wundersamen Begebenheit berichtete. Er kam deshalb auf die Geschichte, weil die Speyerer ihre altersgrauen Trophäen natürlich fachmännisch präpariert hatten: In jenen Tagen des Frühjahrs 1689 hing der eine Knochen, von einem eisernen Ring gehalten, im Torgewölbe des städtischen Ratshofes und bildete eine besondere Attraktion der Himmelsgasse. Der andere schwebte, mit Ketten am Plafond der „Neuen Stube“ festgezurrt, zu Häupten der Stadtväter und erinnerte sie während ihrer Ratssitzungen an die hehre Vergangenheit des Gemeinwesens.
Monsieur Du Mont sah sie beide, und sie müssen ihm sehr imponiert haben. Einen ganz kleinen Augenblick schien er zu zweifeln, da er nicht geneigt war, alles unbesehen hinzunehmen. Doch

dann sprang er über den Schatten des Vorbehalts als einer, der „nicht vollständig leugnen“ wollte, „daß es Riesen gegeben hat“. Olps hatte gewonnen.
Speyer sank bald danach in Trümmer. Die Knochen des Riesen Olps teilten das Schicksal des Ratshofes. Aber man fand sie im Brandschutt wieder. Welche Freude muss das gewesen sein: Und es verstand sich von selber, dass die Riesenreliquien auch im neuen Rathaus der Stadt einen angemessenen Platz erhielten. Immerhin waren sie dort verwahrt, als ein Pater Aloysius Bega, Mitglied der Gesellschaft Jesu, als Beauftragter seines Ordens aus Trevoux an den Rhein kam, um für ein Lexikon Material zu sammeln. Das muss ums Jahr 1734 gewesen sein. Die Herren Patres berichteten jedenfalls in ihrem als Zierde damaliger Wissenschaft geltenden Nachschlagewerk: „On voyait aussi dans la maison de Ville de Spire l’os de la jambe et la cuisse d’un homme, qui était d’une grandeur enorme ...“ und erwähnten voller Dank, dass sie der Stadtschreiber Lorenz Lichtenberger über den Goliath vom Speyerbach ausgezeichnet informiert habe.
Wenn man dem Konrektor Litzel, einem um die Lokalhistorie hochverdienten Mann, glauben darf, war der eine der beiden Knochen sogar wieder öffentlich ausgestellt.
Erst vor gut 200 Jahren, als man den Skelett-Trümmer endlich als „Wirbelknochen eines Mammuts“ bestimmte, kam das Relikt in die Sammlung des Städtischen Realgymnasiums. Aber selbst dann ging die Literaturfehde weiter, denn ein Speyerer Arzt wollte im viel beredeten Objekt doch das Wirbelbein

Maximilianstraße
Rathaus der Stadt Speyer
erbaut von 1712 - 1726
hier wurden die „Knochen des Riesen Olps“
aufbewahrt

eines Walfisches erkennen und behauptete in einer eigens dazu verfassten Broschüre allen Ernstes, Grönlandfahrer hätten diese Besonderheit von langer Reise mit in die pfälzische Heimat gebracht.

DIE RETTUNG UNTERM GALGEN

Eine Geschichte aus dem reichsstädtischen Speyer

Es war zur Zeit des spanischen Erbfolgekrieges. Der Kaiser Leopold und die Allerchristlichste Majestät von Frankreich lagen sich des Madrider Thrones wegen in den Haaren. Man kämpfte auf beiden Seiten für die gute Sache, und wir sehen schon daran, dass sich auf unserer alten, runden Erde die Dinge sehr viel weniger ändern, als gemeinhin angenommen wird. Da hohe Herren ihren Streit um Glanz und Glück seit alters her stets von anderen austragen lassen, die sich bei solchen Gelegenheiten den Ruhm der Schlachten erwerben dürfen, hatte der Kaiser einen Teil seiner rheinischen Armeen dem Erbprinzen von Hessen unterstellt. Der Herr Erbprinz sollte die Festung Landau entsetzen, die von den Franzosen arg bedrängt wurde. Vom Besitz der Stadt und ihrer mächtigen Wälle und Bastionen hing Entscheidendes ab. Wie sehr die gallischen Belagerer ihn erstrebten, hat ein kleines geflügeltes Wort bis in unsere Tage herüber berichtet. Denn das „Tod oder Landau“, mit dem der Bauer zwischen Queich und Lauter unumstößliche Absichten zu bekräftigen sucht, war der Schlachtruf der französischen Truppen.

Der Herr Erbprinz von Hessen hatte sein Corps auf dem Wege in die Südpfalz bis nach Speyer geführt und dort ein festes Lager bezogen. Und da der 1703er besonders gut geraten war, tat sich die Reichsarmee in den Tagen der Ruhe am Federweißen über die Maßen gütlich.

So konnte es geschehen, dass der Unteroffizier Gabriel B., der allen Berichten nach ein ausgezeichneter Soldat, ein riesenstarker Mann und nur hin und wieder ein Hitzeblitz gewesen sein soll, an einem Spätherbsttag über den Durst getrunken hatte. Der stolze Dragoner geriet mit einem hessischen Sergeanten in Streit, ein Wort gab das andere, und endlich tat Gabriel etwas sehr Unschönes: Er stach den Hessen einfach tot.

Kriegsrecht ist allemal eine gestrenge Sache gewesen, und vor 300 Jahren zog man zu peinlichen Verhandlungen noch keine Psychologen hinzu, die auf verminderte Zurechnungsfähigkeit des Delinquenten plädierten. Der Herr Erbprinz von Hessen war ganz schlicht der Meinung, dass Gabriel hängen solle, hier am Orte und ohne viel Federlesens.

Am 15. November 1704 wurde Gabriel aus der Stadt hinaus zum Galgen geführt. Es war bald nach drei Uhr nachmittags, und der Arme hatte seine Rechnung mit der Welt abgeschlossen. Dass er sie auch mit dem Himmel bereinigte, darum bemühte sich ein Prediger, der den Verurteilten inmitten der Eskorte zum Armensünderweg begleitete und eindringlich mit ihm sprach.

Gabriel kam, mehr oder weniger in Gottes Willen ergeben, unter dem reichsstädtischen Querholze an, und wenn nun in den folgenden Minuten nicht allerlei Ereignisreiches geschehen wäre, dann hätte die Geschichte hier keine Fortsetzung mehr. Aber das Leben ist ja nun einmal nicht so, sondern immer anders, und von diesem viel zu wenig beachteten Tatbestand profitierte Gabriel gewaltig.
Der Herr General Talar, Ritter des hohen Ordens vom heiligen Geiste und Kommandeur der königlichen Truppen in der Pfalz, hatte zwar von Gabriels bösem Geschick nichts erfahren. Leute in solchem bescheidenem Stande leben nicht in den Herzen der Großen – und es ist wohl auch ihr Glück. Aber man hatte dem General berichtet, dass der Herr Erbprinz von Hessen zu dieser Stunde im Kreise seiner Offiziere Tafel hielt, um den Namenstag seines kaiserlichen Herrn gebührend zu feiern. Monsieur Talar stellte die nicht abwegige Überlegung an, dass Truppen ohne Offiziere mit einigen Aussichten auf Erfolg zu überraschen seien, und so benutzte er die einmalige Gelegenheit, die zwischen Hanhofen, Harthausen und Dudenhofen stehenden Reichssoldaten etwas aufzuscheuchen.
Sein Plan erwies sich als wohlüberlegt, und die überrumpelten Krieger rannten trotz des Namenstages ihres Kaisers bis unter die Mauern von Speyer. Der Herr Erbprinz und seine Offiziere, die das Souper schon vor dem Nachtisch abbrechen mussten, wurden bei ihrer Ankunft auf dem Kampfplatz nur noch Zeugen einer nicht gerade ehrenvollen Schlägerei, und dabei geschah es, dass der kaiserliche Feldherr unver-

sehens in eine Schar französischer Reiter geriet, die ihn schon als sichere Beute ansahen.
Sie hatten ihm den federgeschmückten Hut vom Kopf geschlagen und hätten ihn zur Stunde als Gefangenen abgeführt – wenn nicht Gabriel zur Stelle gewesen wäre. Des Herrn Erbprinzen Begegnung mit seinen Feinden geschah nämlich in unmittelbarer Nähe des Galgens, an dem Gabriel nach Fug und Recht schon längst hätte hängen sollen. Da jedoch die Eskorte, die ihn zur Exekution geleitet hatte, beim Herannahen der Franzosen schleunigst das Weite gesucht hatte und der Henker den gleichen Weg hinter die schützenden Mauern wählte, war Gabriel unversehens seinem eigenen Gutdünken überlassen. Dass er, als er sich so verlassen sah, keine Anstalten traf, sich selbst zu richten, darf man ihm nicht verargen. Zumal seinem bis eben reichlich bedrängten Leben neue Gefahr von ganz anderer Seite drohte: Die Franzosen hatten von seinem gerade noch verhinderten Geschick ja nichts gehört und nahmen sich den Herrn Unteroffizier vor. Der war aber nicht faul, klaubte sich zwei herumliegende Pistolen auf, erwischte einen Säbel, der im Getümmel des Kampfes verloren worden war, warf sich auf ein herrenloses Pferd und stürzte sich mitten in einen Knäuel streitender Kavalleristen – löblich entschlossen, dort entweder den Tod in Ehren zu finden oder seine Rehabilitierung zu erkämpfen. Inmitten der Reiter erkannte er den beinahe schon gefangenen Erbprinzen, der in äußerster Bedrängnis um sich hieb. Er teilte solch wuchtige Schläge aus, dass die umdrängenden Franzosen verblüfft auseinander spritzten und

wie die Tauben, in die der Habicht fährt, davonstoben. Der Erbprinz war gerettet.
Staunend erkannte Hoheit den Mann, der zu dieser Stunde schon hätte hängen sollen. Gabriel wurde auf der Stelle begnadigt, reich beschenkt und von seinem Herrn in persönliche Dienste genommen. Er diente ihm als Marställer, später als Forstbeamter, noch viele Jahre, und der Fürst, der vom Landgrafen von Hessen zur Würde des Königs von Schweden aufstieg, wies immer wieder lächelnd auf den hünenhaften Mann in seinem Gefolge, wenn Gefahren bevorstanden:
„... Mein Erzengel Gabriel vom Speyerbach – für ihn bin ich dem lieben Gott von ganzem Herzen dankbar!“

„BAUERNKRIEG“ – EIN WEITHIN UNBEKANNTES KAPITEL

Eine geschichtliche Erinnerung an die Osterzeit anno Domini 1716

In den Büchern, aus denen wir Geschichte lernen, steht von diesem Kriege nichts, er ist noch nicht einmal in einer Fußnote vermerkt. Und dennoch sprach man vor nahezu 300 Jahren im ganzen Reiche, landauf und landab, von den Wirren, in die die Freie Reichsstadt Speyer geraten war. Die einen erzählten es lachend, andere entrüsteten sich, denn man war auch damals Partei, und der Menschen Art und Wesen hat sich nur wenig geändert.

Wenn man in den Chroniken Speyers blättert, wird man sehr bald merken, dass das Einvernehmen zwischen bischöflichem Palais und Rathaus nicht – immer so gut gewesen ist, wie wir das heute gewohnt sind. Die Stadt war seit alter Zeit frei und unabhängig gewesen. Und der Bischof, Fürst des Reiches und Herr eines weitreichenden Hochstiftes, wohnte in eben der Stadt, in der er nichts zu sagen hatte. Man war die Streitereien um Rechte und Pflichten, Freiheiten und Verpflichtungen seit Jahrhunderten gewohnt. Seit der Reformation hatte es eigentlich nie mehr wirklich „Frieden“ zwischen den stolzen Lagern in Ratshof und Bischofspfalz gegeben. Dass es aber zu einem Speyerer „Bauernkrieg“ kam, geschah so:

Das hohe Domkapitel des Fürstbistums Speyer hatte Herrn Heinrich Gerhard von Rollingen im Jahre 1711 zum neuen Bischof gewählt. Brauch und Rechte der Stadt erheischten, dass der neue Oberhirte bald nach seiner Inthronisation vor den Toren Speyers erscheinen musste. Das war in feierlichem Zuge seit Jahrhunderten so geschehen. Vor den Mauern erbat der Herr des Bistums Einlass und Wohnstatt vom hohen Rat. Er wurde ihm erst gewährt, wenn er dem Abgesandten der Bürgerschaft alle alten Freiheiten, überkommenen Rechte und anerkannten Pflichten eidlich bestätigt hatte. Hatte der Bischof solches versprochen, dann öffneten sich die Tore, Bürgermeister und Rat geleiteten ihn vor den Dom, und erst dort war er „Herr“. Die Speyerer wachten eifersüchtig und aus

mancherlei guten Gründen darüber, dass der Tradition Genüge geschah.
Herr Heinrich Gerhard von Rollingen aber war ein streitbarer Mann. Und da er, des alten Haders überdrüssig, dem Rat der Stadt einen kleinen Dankzettel verabreichen wollte, blieb er nach seiner Wahl gleich am Orte und ließ die Bürger wissen, dass er sich den städtischen Rechten der Vergangenheit nicht zu beugen gedenke. Der feierliche Einzug unterblieb und mit ihm die geforderten Versprechen.
Der Rat und die Speyerer waren damit allerdings nicht einverstanden. Und als der hohe Herr eines schönen Tages von Bruchsal heimkehrte, blieben die Stadttore verschlossen. Der Bischof stand draußen, und die Bürger ließen ihn wissen, wie er eine Öffnung erreichen könne. Andernfalls möge er wieder umkehren.
Man einigte sich unter Vorbehalten. Aber es erscheint verständlich, und die folgenden Jahre bewiesen es auch, dass die Stimmung in beiden Lagern immer gereizter wurde. Das Domkapitel nahm Stellung und mischte sich in den Streit, die Pröpste der drei Stifte kamen den Domherren zu Hilfe, und man zerzankte sich mit der Bürgerschaft so sehr, dass endlich nur noch der Weg vor das Reichskammergericht in Wetzlar blieb. Dort kam der Handel dann zur Sprache und die Speyerer packten aus, was ihnen das reichsstädtische Herz so sehr beschwerte: Es ging um die Auswahl bevorzugter Hausplätze der Geistlichkeit, um Heiligenbilder, die an den Fassaden angebracht worden waren und die den Lutheranern gar nicht gefallen wollten. Man stritt wegen der Wallfahrten und Prozessionen, die man nicht dulden wollte, und schließlich

mussten sogar Turmkreuze oder willkürlich veränderte Friedhofstore herhalten, um den Groll zu schüren und den Hader am Leben zu halten.
Der Bischof blieb nichts schuldig. Er ließ wissen, wie übel die Speyerer seinen Dudenhofener Untertanen mitgespielt hatten, als sie ihnen das frisch geschlagene Holz aus umstrittenen Wäldern vor der Stadt weggenommen hatten. Es war zu bösen Schlägereien, zu Wunden und sogar zum Totschlag gekommen. Ein andermal hatten städtische Reiter eine friedliche Prozession rechtsrheinischer Hochstiftsuntertanen, die gerade auf der Wallfahrt zum Dom waren, zersprengt, so dass die Bauernweiber und die Kinder mit ihren Fahnen und Rosenkränzen schreiend das Weite suchen mussten. Dabei hatten nun wieder Soldaten des Fürstbischofs zwei Speyerer Reiter festgenommen und sie ohne viel Federlesens nach Philippsburg gebracht. Die Armen saßen dort bei schmaler Kost lange Monate im Turm und harrten der Dinge, die weiter geschehen sollten. Vielleicht blieben sie aber auch nur deshalb über die Zeit hinaus eingesperrt, weil die Speyerer, als sie von dem Vorfall erfuhren, in Gassen und Schenken der Stadt Jagd auf hochstiftliche Untertanen machten und einige bischöfliche Beamte, die sie erwischten, kurzerhand als Geiseln für die gefangenen Brüder im Altpörtel einlochten.
Das Kammergericht arbeitete mit der gewohnten „Vitalität“ juristischer Instanzen, und da es keinem Recht geben wollte, gebot es erst einmal Ruhe bis zu einer späteren Entscheidung. Aber den Speyerern war diese Ruhe nicht so recht geheuer. Immer mehr wurden die Warnungen aus der Nachbarschaft im Lande,

der Bischof plane Böses. Sie sollten auf der Hut sein. Sie rüsteten zwar, so gut sie konnten – aber die arme Stadt konnte das Losbrechen des sich ankündigenden Sturmes nicht mehr verhindern. Als die Bauern aus dem Churpfälzischen eines Freitags zum Wochenmarkt kamen, brachten sie die Kunde mit, dass große Haufen bewaffneter Männer aus den Ämtern Kirrweiler, Marientraut und aus anderen bischöflichen Gebieten der Vorderpfalz im Anmarsch auf die Stadt seien. Als die Speyerer hörten, dass des Bischofs Bauern mit Dreschflegeln, Mistgabeln, Sensen und Flinten unterwegs seien, wussten sie, was die Stunde geschlagen hatte. Sie schlossen die Tore und holten die Waffen aus den Schränken. Die Bischöflichen waren zwischenzeitlich auf den Wällen der Landwehr angelangt und legten dort erst einmal Rast ein.
Der Bürgermeister Schreyer schickte gegen Abend einen Gesandten des Rates mit zwei Zeugen in den Fürstenhof. Man wollte vom Bischof doch gerne erfahren, ob denn nun Krieg oder Frieden sei. Seine Gnaden geruhten aber nicht, die Räte zu empfangen. Man ließ ihnen bestellen, dass von einem Aufstand der Bauern nichts bekannt sei. Und überdies gehe das alles den hohen Herrn auch gar nichts an.
Der Bürgermeister Schreyer gab daraufhin Befehl, die Wachen zu verstärken und abzuwarten. Von den Bauern vor der Stadt hatte man immerhin so viel erfahren, dass sie gekommen waren, um den Dudenhofenern bei der Verteidigung ihrer Waldrechte beizustehen. Die Lage war kritisch.
Als nun ein Peloton städtischer Soldaten bei der Ronde durch die Pfaffengasse kam, verlegten bischöfliche

Knechte den Speyerern den Weg. Der Rat der Stadt gebot, dass der Durchgang in den Gassen mit Gewalt erzwungen werden sollte. Eine Kompanie Bürgerwehr zog vor dem Bischofshofe auf, und die vielen Gaffer, die sich dabei eingefunden hatten, fingen recht laut zu schreien an. Man wollte den Bischof aus seinem Hause herausholen.

Dem Herrn von Rollingen wurde dieses Verlangen der Straße doch ungemütlich. Er schickte seinen geheimen Schreiber in den Ratshof und führte eine ernste Klage, dass ihm Beschimpfungen widerfahren seien und Gewalt angedroht werde. Er sei nicht gesonnen und nicht in der Lage, sich das bieten zu lassen. Wenn die Stadt glaube, ihn, einen Fürsten des Reiches, so behandeln zu dürfen, so werde er Hilfe von außerhalb herbeirufen, um es zu verhindern. Er werde den Bauern vor der Stadt in dieser Lage auch nicht nahelegen, heim zu marschieren. Endlich verlangte der Bischof, dass ihm der Stadthauptmann und der Oberste der Bürgerwehr ausgeliefert würden. Andernfalls werde er zu handeln wissen.

Der Rat der Stadt Speyer lehnte solches Ansinnen ab. Die Nacht kam übers Land und keiner wusste, was der andere Tag wohl bringen würde. Draußen hausten die Hochstiftler; ihr Geschrei klang über die Mauern, und als es hell wurde, sahen die Bürgerwachen, dass auch aus dem Rechtsrheinischen bewaffnete Haufen anrückten. Auf den Rheinhäuser Weiden, vor dem Marx- und Fischertore, wimmelte es von Bauern, die inzwischen sogar Geschütze und Mauerbrecher herangeführt hatten.

Doch Seine bischöfliche Gnaden spielten erst ab nachmittags 3 Uhr mit offenen Karten. Um diese Stunde dröhnten plötzlich von der vorderen Domkuppel drei Warnschüsse, und wer genau hinsah, konnte die rote Blutfahne erkennen, die von unsichtbarer Hand entrollt wurde und nun vom hinteren Turme flatterte. Das war das Zeichen! In drei großen Kolonnen rückten die Bauern gegen die Stadt vor. Die eine, wohl über tausend Mann stark, voran die Scharfschützen und zwanzig Zimmerleute mit blanken Äxten, wurde vom bischöflichen Oberforst- und Land- und Jägermeister von Helmstädt befehligt. Er hatte sich das Fischertor vorgenommen. Die Wachen versuchten, ein Eindringen zu verhindern, aber die Bauern hieben das Tor ein und warfen die Städtischen nieder. Zu gleicher Zeit nahte eine andre Abteilung unter Führung eines bischöflichen Beamten dem Marxtor, erzwang auch dort die Übergabe und entwaffnete die Bürgerwehr. Es gab Verwundete, einem Speyerer wurde sogar der Schädel gespalten.
Die beiden Bauernbataillone vereinigten sich nun und stürmten das Weiße Tor. Dort leistete der Stadthauptmann mit 40 Bürgern zwar erbitterten Widerstand, aber die ihm zu Hilfe eilenden städtischen Reiter wurden aus bischöflichen Häusern unter Feuer genommen und konnten nicht mehr eingreifen. Und dann war ja auch die Übermacht viel zu groß. Der Bürgermeister sah ein, dass jeder weitere Kampf sinnlos gewesen wäre und schickte einen Gesandten zum Fürstbischof, der um gütlichen Austrag des Handels bitten sollte. Aber für Verhandlungen war es zu spät. Die Bauern hatten schon freien Zugang zur Stadt

gewonnen und drängten den zurückweichenden Stadtsoldaten durch die Große Pfaffengasse nach. Sie erstürmten die Hauptwache, entwaffneten die Bürgerwehr völlig, bemächtigten sich der Schlüssel aller Stadttore und öffneten sie ihren Kumpanen. Das Rathaus wurde besetzt, die Häuser der Räte erbrochen und nach zwei bösen Stunden war der Kampf entschieden.

Bürgermeister Schreyer war geflohen, keiner wusste, wohin. Er eilte geraden Weges zum Reichskammergericht nach Wetzlar und klagte dort gegen den Bischof wegen Landfriedensbruch und Gewalt gegen die Stadt Speyer. Aber Herr Heinrich Gerhard von Rollingen scherte sich nicht um den Räumungsbefehl der kaiserlichen Räte. Und die Bauern blieben. Sie holten Weiber und Kinder nach und ließen es sich in den Bürgerwohnungen auf Kosten der Speyerer recht wohl sein. Fünfzehn lange Wochen saßen sie in der Stadt und man berichtet, dass das viel geplagte Speyer kaum verrücktere Tage erlebte als in jener Osterzeit des Jahres 1716.

Der Bischof kostete die gewonnene Möglichkeit der Macht weidlich aus. Nahezu 250000 Gulden Strafe mussten die Speyerer erlegen. Es sollte Schadensersatz sein für die vor langen Jahrzehnten auf Betreiben der Stadt geschleifte bischöfliche Festung Udenheim. Und erst am 15. Juli bequemten sich Seine Gnaden, den geharnischten Befehlen des Kaisers Folge zu leisten. Der Zeitpunkt war wohl auch erreicht – denn die evangelischen Reichsstände drohten unmissverständlich, und so weit wollte es der Herr von Rollingen doch nicht kommen lassen. Mit Trommeln und Pfei-

fen zogen die Okkupanten ab. Der Abschied soll ihnen, wie Augenzeugen berichteten, sehr schwer geworden sein. Wahrscheinlich nahmen sie auch deshalb so zahlreiche „Souvenirs“ mit.
Zwischen Rat und Bischof kehrte keine Friede mehr ein. Dazu waren die Geschehnisse doch zu bitter gewesen, und als der greise Herr von Rollingen 1719 starb, ersuchte die Bürgerschaft seinen Nachfolger, den Kardinal von Schönborn, seinen Wohnsitz lieber nicht in Speyer zu nehmen. Herr Damian Hugo erbaute sich sein neues, prachtvolles Residenzschloss in Bruchsal. Dort verblieb dann auch die Regierung des Fürstbistums bis zu dessen Ende im Jahre 1803.

... DASS UNS DAS BIS IN DAS BLUTH ÄRGERT

Randbemerkungen aus Speyers fürstbischöflichen Tagen

Nicht nur der große Friedrich von Preußen verstand es, mit spitzer Feder seine Kabinettsentscheidungen an den Rand der eingegebenen Akten zu schreiben. Auch Fürstbischof Damian Hugo von Schönborn, der den geistlichen Staat zwischen Haardt und Bruhrain nahezu ein Vierteljahrhundert mit landesväterlicher Sorgfalt verwaltete und mustergültig führte, hatte dieses Temperament.
Den Herren eines Speyerer Stifts geht folgende Nachricht zu: „Wieder mahl ein aufbaulicher, schöner exemplarischer zank zwischen Chorbrüdern, wann solle

dann alle ohne not ohnverantwortlichen Zänckereien ein end nehmen? Klops man doch den zanckreithern und ewig ohnzufriedenen auf die Finger, dann wir gestehen, daß uns bis in das bluth ärgert, wenn wir dergleichen von Priestern unter sich in einer lutherischen statt sehen müssen."

Manch ein Pfarrer, der nicht so spurte, wie es dem hohen Herrn gefiel, verlor über Nacht Amt und Pfründe. Als solch ein abgesetzter Hirte um ein Almosen bittet, wird ihm bedeutet: „Wann er noch dahe ist, kan ihm ein Reichsthaler gegeben werden mit dem bedeuten, daß es den priestern, die nicht lebten, wie sie solten, also ergehe."

Großartig ist die muntere Art, mit der ein Beamter des Hochstifts ermahnt wird, seine Eingaben schlichter zu verfassen: „Wir haben ihm doch schon offt bedeutet, er möge uns mit seiner wunderlichen art zu schreiben in ruh lassen. Hätte das nit klar gesetzt werden können? ... Wir hätten auf diese art alles klärer sehen können, weniger bey unserer schwehren arbeit zu lesen gehabt und er auch weniger zu schreiben. Wir gestehen wohl gern, daß wir so vertrüssig seyn, wann wir memoralia von ihme sehen, daß wir solche öfters hinschmeißen, ehe wir solche zu lesen resolvieren können!"

Ein Bäcker von der Haardt bittet um Beschleunigung eines Prozesses. Darauf der Landesherr: „Es dunckt uns, er ist ein sehr unruhiger Mann. Wann wir nit mehr zu thun hätten als er, hätten wir sein memorial schon gelesen. So aber müssen wirs tun, wenn wirs können und er wird warten, bis es soweit ist. Dabei bleibts."

Ein Bankier, der ins Speyerische zuziehen will, wird benachrichtigt: „Wir haben niemanden von ihm Gelt entlehnt. Werden es auch nicht nötig haben."

Als der Kardinal 1721 in Rom weilt, wird ihm die Bitte eines Hofbediensteten, der von seinem Amt befreit sein möchte, dorthin nachgeschickt. Darauf folgende Entscheidung aus der Ewigen Stadt: „Nicht eine Stunde konntest du mit mir wachen, also bist du ein unnützer Knecht. Und muß uns arg bedrucklich fallen, ohnnötige Brodtfresser in unserer Abwesenheit zu ernehren. Supplicans sah, wie schwer und hart uns unsere abreis gefallen, und soll außer bloßer faulheit uns auch hierin unser vertrauen schwer gemacht werden, dann umb das brod und geld, so er genießet, werden wir einen willigeren und besseren diener ernehren können. Eas ergo in omnem terram – geh er also in alle Welt, weil auch hierin kein danck seyn solle."

Der Speyerer Geheimschreiber bittet um seinen Abschied. Meint der Fürst: „Wie will er das vor seinem Gott verantworten? Ist dergleichen recht und nicht gegen die pflicht? Aber er kann in Gottes nahmen verlangtermaßen fortgehen. Wird aber vielleicht noch oft an uns zurück denken!"

Ein Kornett der bischöflichen Garde bittet um Beförderung. Er erhält folgenden Bescheid: „Wir müssen bei unserer Garde leutt zum cheff haben, die gedienet haben. Und daß er ja nicht vermeinte, daß man nichts thut denn spatzierengehen, essen und trinken. Die welt ist nicht so. Sie ist voller leuth! Und wenn man sich poussieren will, so muß man sich auch applicieren!"

Ein Untertan aus Rheinhausen legt eine Urkunde vor, nach der ihm angeblich freies Brennholz aus bischöflichen Forsten zustehe: „So fanget man die fisch aber nicht! Wann er kein anderen beweiß als diese chartheken hat, soll er hibsch ruhig zu hauß bleiben!“
Ein biederer Pfälzer bat um Fronfreiheit. Der Kardinal musste aus den Akten ersehen, dass der Bittsteller wegen Ehebruchs vorbestraft war. Es erging folgende Entscheidung: „Er hat ehebrechen können. Kann er auch arbeitten!“
Ein Domherr bittet, auf einer vorgehabten Reise des Bischofs als Begleiter dabeisein zu dürfen. Darauf antwortet der Oberhirt: „Wir können doch nit allemahl wie die schneck ihr hauß auf dem Buckel alles mittragen. Bleibe er bey seyner Sach. Wir werden so mehr dienst von ihm als drauß auff der reis haben.“
Ein Steinmetzmeister, der bei einem Kirchenbau im Speyerischen beschäftigt ist, erbittet höheren Lohn. Der Fürst weigert sich, zu zahlen. Er meint: „Wir haben ihn nit dahin gesetzt, daß er besondere privilegia gaudieren solle. Sondern er soll seyne arbeit machen. Wann ihm die jetzige Suppe nit schmecken thut, kann er seynen dienst hinlegen. Wenn dem Esel zu wohl wird, gehet er auffs glateys, es ist so vielen geschehen und geschiehet noch täglich. Also muß der Unweise durch Schaden weise werden.“
Die Soldaten eines bischöflichen Kontingents bitten um Aufhebung des Fastengebotes. Die Beschaffung der Fastenspeisen sei zu kostspielig. Der Fürstbischof ließ die Eingabe bis zum Ende der Fastenzeit liegen. Dann schrieb er: „Die fasten ist herumb. Und es ist nicht erlaubet worden. Und unsere Soldaten leben alle

noch und wissen nun nicht mehr, ob sie fisch oder fleisch gegessen."
Ein früher im Hofdienst tätiger Diener bittet um Wiederanstellung. Er hat kein Glück. „Wer sich so viel jahr nicht bessert, bessert sich nimmer. Wir haben früher schon Proben vom supplicanten, daß wir keine mehr brauchen. Er justifiziere seyne Rechnungen und suche sich einen Herrn, der wieder soviel gedult zu seynem schaden mit ihm traget, als wir getragen haben. So wird er gewißlich ein alter mann darbey!"
Ein Offizier aus einem Regiment des Bruders des Kardinals bittet um Bestallung in speyerischem Dienst. Doch der Bischof kontert: „Er scheint mir ein landtlauffer zu sein. Wann er was nutz wäre, hätt ihn unser bruder gewiß nit gelassen!"
Einem, der als Querulant bekannt ist, läßt Schönborn sagen: „Uns ist mit lehren, excusiren und lamentieren nicht gedient. Wir wollen Ruhe und justitz haben!"
Ein Musiker bittet um Gehaltsaufbesserung. Er kommt an den Unrechten: „Man sehe diese impertinenz! Er kann das Geringste von der musique nicht und will mehr als andere haben! Ist dann sein miserables blasen das jahr hindurch nicht hundertmahl genuch bezahlt mit 156 florentinern, dazu die liberey, die fourage und das quartir. Wann mans zusammenrechnet, wir ihm also jede stundt, so er blaset, mit mehr als einem gulden bezahlet. Schmackets ihm nicht, so gehe er hin, wo ers besser bekommt."
Fürstbischof Damian Hugo von Schönborn gestand offen, dass er „eher als Cadaver in die Grube fahren wolle denn aufhören werde, ein Herr zu sein". Und so kümmerte er sich denn um erstaunlich vieles, ja, bei-

nahe um alles, was in seinen Landen geschah. Vom Bruchsaler Schloss aus, das er erbaute, gingen seine schriftlichen Anweisungen hinaus in die Städtlein und Dörfer seines Staates, und es ist köstlich, in den unmittelbaren Worten solcher Entscheidungen das Bild dieses Mannes zu sehen: Immer und immer wieder spürt man aus der langsam ansteigenden Heftigkeit des Wortlauts das Crescendo eines mühsam beherrschten Zornes, der den Vielgeplagten überkommt, wenn er des Undanks jener gewahr wird, denen er Gutes getan hat. Immer und immer wieder wird der Umschlag des Temperaments spürbar, wenn auf strafendes Donnergrollen wieder die Sonne scheint und die Bitte doch und endlich sogar großzügig erhört wird.

Manches dieser an den Aktenrand geschriebenen Regierungsdekrete hat Umfang und Inhalt eines kleinen Hirtenbriefes. Andere sind von lapidarer Kürze. Wer seinen Buben zu früh in eine Lehre schicken will, erhält fundierte pädagogische Anweisungen. Wer in der Erfüllung von Amtspflichten säumig gewesen ist, wird über das Verhältnis von Regent und Untertan weitschweifend aufgeklärt. Wer einen Prozess zu verschleppen trachtet, wird nicht nur über unnötige Kosten unterrichtet, sondern auch über den Schaden, den er seiner Seele durch jahrelange Gefühle von Hass und Neid zufügen könnte.

Was auch behandelt und entschieden wurde: An Deutlichkeit ließ es der Speyerer Herr nicht fehlen. Dennoch ist es mühsam, aus den sparsam gehefteten Akten vergangener Tage herauszulesen, was vor etwa zweihundertfünfzig Jahren Wohl und Wehe der Ahnen bestimmte. Die Zeilen stehen eng, die Schrift ist oft sehr flüchtig – so, als sei die Feder mit dem gedachten Wort nur schwer mitgekommen. Den Schriftzügen merkt man die Eile an. Und in allem rollt ein rechter Apriltag von Stimmungen ab: Höchster Zorn folgt auf väterliche Munifizenz. Doch lassen wir eine Reihe von ausgewählten Beispielen aus den Tausenden von Randbemerkungen selbst sprechen:

Ein Bäcker aus dem Rechtsrheinischen stellt das Ansinnen, einen Lehrbuben halten zu dürfen und von der regelmäßigen Rechnungsvorlage bei der bischöflichen Kammer befreit zu werden. Er bekommt Bescheid: „Er kann in Gottes Namen hingehen wo er will, denn er muß nicht glauben, daß Wir ihn bitten wollen. Wir haben viele jahr ohne ihn gelebet, werden wir auch manche jahr ohne ihn leben können ..."

In einem seit Jahren verschleppten Prozess eines Hofrates wird befohlen: „Man schaff uns doch endlich ruhe in dieser sach, und gehe ohne Parteilichkeit gerath durch. Mein Gott, ist es dann zu verantworten, daß soviel gescheite Männer eine solche scandalose sach nit nach der Gerechtigkeit in standt bringen wollen!?"

Ein Pfarrer nahe Speyer, der wegen disziplinärer Vergehen entlassen wurde, bittet um ein günstiges Zeugnis. Darauf der Fürstbischof: „Das lügen ist verbotten! Auch das betrügen. Dahero Wir nicht befehlen können, daß bessere Zeugnisse gegeben werden sollen. Weilen wir es mit grund der Wahrheit nicht thun, weniger aber andere dioecesen hintergehen und ein subjectum beloben wollen, das wir selbsten fortgeschafft haben."

Ein Bürger, der die Bitte vorträgt, sich in Hambach als Eremit niederlassen zu dürfen, wird mit der klassischen Antwort bedacht: „Abgeschlagen! Der weinn ist dahe zu gutt vor fromme eremiten zu ziehen!"
Ein anderer, der Nachlass einer erkannten Geldstrafe erbittet, muss sich belehren lassen: „Abgeschlagen. Und ist mit einem so liederlichen Spieler, so keine profession vor einen wackeren Bürger, kein Barmherzigkeith zu haben. So wird er wohl gescheit werden und diese züchtigung im ganz wohl bekommen."
Ein ganz frommer Mann bittet um Erlaubnis, nach Rom wallfahren zu dürfen. Da grollt es aus dem Schloss zurück: „Wird er bey jetzigen zeyten mehr durch arbeit und schaffen als durch das faule herumblauffen den Seinigen vorstehen können. Wir können das nit bewilligen. Er kann zu Waghäusel so gut denn in Rohm betteln."
So geht es nun in einem fort, und wir sind des Lesens nicht müde geworden. Die Randbemerkungen des Speyerer Oberhirten aus der Barockzeit sind gewisslich unterhaltsame Literatur.
Ein Speyerer Domherr prozessierte vor weltlichen Gerichten. Der Streit zog sich durch Jahre hin. Da kam eines Morgens ein Brief des Fürsten in den Domherrenhof. „Gewiß ist es, daß wir uns in die seel bekümmern, und vor unserem Herrgott seufzen, daß wir so unglücklich seyn und unsere Leut nicht gleichsam aus dem schlaf erwecken. Mein Gott, ist es möglich, daß auch in Gott und die Armen angehenden Fundationssachen kein eyffer und kein zeigen die tiefe Sorge, es recht recht seyn solle? Die sach dauert nun so lang und haben wir vor zwey jahren schon die

aussmachung befohlen. Allein es will kein gewissen und hertz sich erweichen lassen und unsere Mitpriester selbsten, worauf wir uns in unserem bischöflichen ambt verlassen sollten, seind kälter alss eyss in dem Eifer um ihre Ehre. Man mus es uns nit übel nehmen. Aber solche ding gehen uns gar nahe. Und wann wir kein änderung sehen, so wollen wir wenigstens zeigen, daß wir an solchen ding wenigstens kein teyl nehmen, sondern ohnendlich dadurch gelitten haben."

Und dem Schultheißen von Rheinhausen schreibt der Bischof: „Guter Mann, solches ist ausser eurem Gesichtskreiss. Ihr redet nur blind hinein und denket nicht. Wann wir jeden buben wollten im lande haussen lassen! Wir sind nun darin und auch, umb anderen christlich helffen zu können. Warum sollen wir aus dem gerechten principio weichen? Wie geht's den lüderlichen tropffen, die nur den Bauch vollhaben wollen und fliegen ohne flügel? Merk er, der hunger wird zuletzt immer größer als die hoffahrt sein. Gott verzeih allen denen, die uns zu toth arbeiten machen und doch nichts in Ordnung bringen oder erhalten!"

Kardinal von Schönborn hat sich redlich geplagt – und mit einer geradezu seherischen Begabung geschaut, dass das Werk, das er begann, nur noch für kurze Zeit gelten würde. Als er in der Peterskirche in Bruchsal ein Begräbnis für die Speyerer Bischöfe bauen ließ, ordnete er an, man möge die Gruft nur für drei Särge ausmauern. Das werde genügen. Er behielt Recht. Noch drei Bischöfe folgten ihm auf dem Speyerer Thron bis zur Auflösung des Hochstifts. Einer von ihnen fand seine letzte Ruhestätte fern der Heimat auf der Flucht. Was jedoch an Gutem durch Männer wie

Schönborn geleistet worden war, das verlautete aus den Berichten der Regierungskommissare, die etwas mehr als sechs Jahrzehnte nach dem Tod des Kardinals in ihre Residenzen an die neuen Herren der fürstbischöflichen speyer'schen Gebiete meldeten: „Das Volk ist gut. In allen Ständen herrscht Anstand. Auch in der mittleren und niederen Volksklasse bemerkt man mehr äußeres sittliches Betragen als an vielen anderen Orten. Das Volk liebt seine Religion und hängt an seinen Pfarrherren, welche brave und rechtschaffene Männer sind."
Dass es so war, erklärt sich aus der Güte, dem Humor, der Weisheit und der Unbestechlichkeit jener Männer, die ihre Entscheidungen für das Wohl und Wehe aller in Sätzen trafen, die wir hier in Erinnerung gebracht haben.

SPEYERER THEATERDONNER ANNO 1721

Ein ergötzliches Stücklein reichsstädtischer Musenpflege

In diesen so theaterfreudigen Tagen blättert der Chronist schmunzelnd in vergilbten Papieren herum und findet ein gar schönes Geschichtlein. Und damit das Neue gebührend glänze, das Vergangene aber nicht darüber gering erachtet werde, wird er erzählen, was sich vor bald drei Jahrhunderten zugetragen, als auch ein Rat, ein weiser obendrein, den Harnisch geistiger

Waffen umgürtete und zur mannhaften Verteidigung lokaler Kultur die Gänsefedern und die Polizeisäbel zückte.
Das Geschichtlein begann ganz harmlos. Der Herr Rektor des reichsstädtischen Gymnasiums, Magister Johann Wilhelm Weichert, hatte, seinem Genius folgend, ein Theaterstück geschrieben, und dieses Werk war im Komödienhaus aufgeführt worden. „Anstatt des sonst so sittenverderbenden, zumal zeitverschwendenden Gassenstreichens und Spazierengehens vorgestellt und ausgeübt benebst einiger Vokal- und Instrumentalmusik." Einige Mitglieder des hohen Rates hatten am kulturellen Ereignis teilgenommen, Lob gezollt und Befriedigung geäußert, und der Herr Rektor sonnte sich in Gunst und Hochgefühl.
Nun kennt wohl mancher das schöne Sprüchlein: „Ach, man will auch hier schon wieder nicht so wie die Geistlichkeit". Und mit solcherlei Beschwer hatte sich der Herr Rektor abzufinden, denn am anderen Sonntag erklomm ein Prediger die Kanzel der Dreifaltigkeitskirche und wünschte dem musenliebenden Autor nichts Gutes. Die Rede ist nicht erhalten, doch vermag wohl des Rektors bittere Klage, die er dem hochedlen Rat vorlegte, das Grundsätzliche ahnen lassen. Jammerte der Humanistenbetreuer: „... werde genötigt, kläglich vorzustellen, dass gestern am Nachmittag der Prediger den Text aus Lucas 12 genommen, so von der Heuchelei der Pharisäer handelt, und meine Person nicht auf eine subtile, sondern ganz offenbar grobe und sträfliche Art durchgeführet hat. Den Anlaß hat ... wie der Inhalt sonnenklar ausweist, die Komödie vom 1. Septembris gegeben, die meine hochgeehrten

Herren doch approbieret haben, und in der ich die nichtige Eitelkeit der Welt und in dem Vorspiel die erbärmlichen Schicksale Belisars, Gelimars und Genserichs, in dem Nachspiel aber an geistlichen und weltlichen Personen die Torheit aller Stände vorgestellt habe." Es lag auf der Hand: Die Meinungen gingen auseinander, und der Herr Prediger hatte den Herrn Rektor in Kirchenbuße genommen. Der Skandal war handfest. Man lässt sich selbstverständlicherweise recht ungern als armseliger Komödiant, Gotteslästerer und Erzheuchler apostrophieren!

Der Rat war in einer verzwickten Lage. Der Prediger, Sohn der Stadt und demnach als Prophet im eigenen Vaterlande eo ipso suspekt, wurde vom Rat aufgefordert, sich öffentlich zu entschuldigen. Natürlich dachte er nicht daran. Er schrieb vielmehr an das Idol aller pietistischen Theologen jener Zeit, an August Hermann Francke nach Halle. Und der Angesprochene antwortete gar bald, die rechte Haltung des streitbaren Speyerer Bruders sei äußerst lobenswert und man solle ja kein Quentchen nachgeben. „Der Herr sei dir Schild und Lohn dafür." Weitere hochgelehrte Professoren mischten sich in den Streit. Die Universität Wittenberg schaltete sich ein. Die Akten schwollen an. Ein gutes Duzend großer Namen rügte den Rat der Stadt. „Es ist eine ausgemachte Sache, dass solcherlei Komödien, oder wie man es nennen mag, mit dem wahren Christentum nicht bestehen können."

Der Rat suchte einen Ausweg. Prestige stand auf dem Spiel. Man konnte sich doch nicht alles sagen lassen! Und wie würde man von der Bürgerschaft beurteilt

werden, da doch einige Senatoren an der Aufführung teilgenommen hatten und des Lobes voll das Theater verlassen hatten? Speyer lag schließlich nah und Wittenberg und Halle waren sehr weit. Also half wohl am besten der Angriff. Und so wurde man denn massiv. Das Stadtregiment wies den unliebsamen Pfarrer kurzerhand aus den Toren. Als „Ruhestörer" kündigte man ihm den Bürgerfrieden. Da der Rat alle Hoheitsrechte innehatte, war dagegen wenig zu tun.
Nun wohnte aber auch der Vater des Gemaßregelten am Ort. Und der zog gewaltig vom Leder, zumal er städtischer Beamter war. Man erkannte, dass die Lösung keine halbe sein dürfe, und ordnete an, dass der Vater, da er „einem ehrbaren Rat als seiner ordentlichen Obrigkeit gefluchet und dass die Rache Gottes ihn treffen möge," aller Ämter verlustig gehen solle und er angewiesen sei, „anderswohin zu ziehen". Die Sippenhaftung war somit komplett.
Der preußische Gesandte schaltete sich ein. Aber die Speyerer Stadtväter waren so erbost, dass selbst Francke aus Halle zuriet, man solle die Angelegenheit nicht vor den Reichstag bringen, sondern „darüber willig leiden und sich Gott befehlen." Und so endete also dieser interne Kulturkampf am Speyerbach mit einem Sieg des Ratshofes. Der Prediger erhielt später gräflich-degenfeld-schomburgische Hilfe und kam fürderhin mit einem Theater nicht mehr in Konflikt, da die Pfarrstelle die Vorzüge stillen Landlebens beinhaltete.
Geblieben sind einige Bündel verstaubter Akten in Halle. Möglicherweise aber auch eine intuitive Vorsicht Speyerer Räte. Immerhin verführten kleine

Wahrnehmungen im Januar 1963 zu gedanklichen Parallelen. Da aber nur der historisch beschlagene Speyerer zu solchen lästerlichen Vergleichen Möglichkeiten hat, so mag man beiderseits lächeln.

WIDER DIE BÖSEN HANDWERKS-PURSCHE

Eine Verlautbarung des gestrengen Speyerer Rates von Anno 1740

Da kam uns dieser Tage ein Plakat in die Hände, wohl gedruckt, in schicklichem Format, von bester Papierqualität. Man wird kaum fehlgehen, wenn man seine Entstehung dem Missmut eines in der Weihnachtsruhe des gnadenreichen Jahres 1739 empfindlich gestörten Herrn Rates der Reichsstadt Speyer zuschreibt. Denn was uns kundgetan wird, wurde gleich am Morgen nach Neujahr 1740 im Rathaus beschlossen und war so massiv in der Form und dergestalt entschlossen im Inhalt, dass man den Eindruck unmittelbar vorhergegangenen Ärgers noch heuer empfindet. Die Anträge und Debatten der weisen Stadtväter mögen dementsprechend lebhaft gewesen sein. Die meisterliche Formulierung der gewonnenen Erkenntnis aber lautet:

„Wir, Bürgermeistere und Rath des Heil. Reichs Freyen Stadt Speyer fügen hiermit Jedermönniglichen zu wissen, dass obwohln wir in Anno 1724 und vorhero schon die Verordnung gemacht, dass niemand, er seye Inwohner oder Inwohnerin, Einheimisch oder Fremder, Jung und

Alt, allhier in der Stadt Speyer von Hauss zu Hauss betteln, rufen, singen oder auf eine andere offentliche Weiss Allmosen suchen und sammeln solle." Da haben wir's! Der Personenkreis wird ins weite Feld fixiert, die akustischen Möglichkeiten der lästigen Störungen werden genau definiert. Und grollend tönt vom Rathaus der Vorwurf des schon so oft Gesagten und doch nicht Befolgten: „Sothanen Unserem Verbott ohngeachtet dannoch bishero viele sich unterfangen, insonderheit aber die Handwerks-Pursche, sobald sie nur in die Stadt kommen, zu fechten, auch öfters in dieser Absicht viele Tage lang auf denen Herbergen still liegen zu bleiben, auf denen Gassen zu betteln, denen Leuthen vor denen Thüren und Fenstern beschwerlich zu fallen." Das Thema ist durchaus modern ...

Der gestrenge Rat jedoch war dieses Mal entschlossen, Fraktur zu reden und ließ sich vernehmen: „Wann dann Wir dieses Gassen-Betteln und Unwesen der Handwerks-Pursche ernstlich abgestellt wissen wollen, als gebieten wir hiermit nachdrücklich und endlich ..." Und nun kommt'! „Dass sich ja niemand künftighin auf den Gassen mit Betteln betretten lassen, insbesonderheit aber die Handwerks-Pursche des Fechtens enthalten sollen. Mit der Bedrohung, dass welcher darwieder handlen würde, sogleich auf denen Gassen weggenommen und entweder zu gemeiner Arbeit und Frohnen gebrauchet oder sonst nach Befinden abgestrafft werden solle."

Das waren nun allerdings herbe Aussichten für Almosensammler. „Gemeine Arbeit" mochte noch hingehen, „Frohnen" klang schon recht bedrohlich, die Möglichkeit des „nach Befinden" Gestraftwerdens war jedoch ganz übel. Vorsicht schien geboten.

Dass im Stadtrat schon von jeher gescheite Leute saßen, wird vollends klar, wenn man weiterliest: „Und damit in specie des Handwerks-Pursche sich mit der Unwissenheit dieses Verbotts nicht entschuldigen mögen, wird allen Schild- und Strauss-Wirthen, oder wer sonst Herbergen hält, hiemit ernstlich anbefohlen, diese Verordnung in ihren Gast-Stuben offentlich anzuschlagen und ja nicht abgehen zu lassen.“ Man wollte das lästige Übel von Grund auf kurieren, man stieg zu den vermuteten Quellen des Ärgers hinab. Da das Herausreden und Berufen auf Unwissenheit Anno 1740 augenscheinlich schon ebenso bekannt war wie zu unseren Tagen, vergatterte man die Spender von Speise und Trank, die Gewährer von Tisch und Strohsack und erhob sie mithin zu Hilfsbütteln, wenn auch mit erhobenem Zeigefinger.

Welche für das Gemeinwohl so förderliche Aufgabe den Wirt erwartete, wird dann wie folgt erläutert: „Darneben all bey ihnen einkehrende fremde Handwerks-Pursche darauf zu verweisen, sie vor dem Fechten-Gehen treulich zu warnen, auch dieselbe nicht länger als vier und zwantzig Stund auf den Herbergen zu dulten, sondern nach deren Verfließung sogleich wieder fortzuweisen.“ Und damit es die Herbergsväter nicht vegässen: „Das alles aber bey fünff Gulden Straff, welche der Wirth oder Herbergs-Vatter, sooft er hierwieder zu thun betretten wird, ohnnachlässig zu erlegen hat.“ Fünf Gulden waren eine Menge Geld im Jahre des Herrn 1740.

Folgt Datum, „geschlossen bey Rath, den zweyten Januarii“. Und ein unübersehbares Stadtsiegel drunter.

Wieweit der Strahl der Ungnade aus dem Ratshof traf und ob er geholfen hat, lässt sich dem alten Plakat nicht

Nikolausgasse
mit der Wirtschaft „Zum Halbmond“

entnehmen. Immerhin steht fest, dass die Wirkung der weisen Entscheidung nicht über die Jahrhunderte reichte.

DER TRAUERKONDUKT EINES SPEYERER FÜRSTBISCHOFS

Wie der Kardinal von Schönborn am 24. August 1743 beigesetzt wurde

Unter den Bischöfen von Speyer war Damian Hugo Philipp Graf von Schönborn der erste, der zur Kardinalswürde aufstieg. Er wurde am 19. September 1676 in Mainz geboren, verdankte seinen jesuitischen Lehrern in Aschaffenburg und Würzburg eine hervorragende Bildung und schloss seine Studien als Angehöriger des Collegium Germanicum in Rom ab. Einer Tradition seiner Familie folgend, widmete er sich zunächst dem Waffendienst, wurde 1699 als Deutschordensritter eingekleidet, 1702 bereits Vorstand der Deutschordensballei Hessen in Marburg, im folgenden Jahre Geheimer Rat der Kurfürsten von Mainz und des Hochmeisters des Deutschen Ordens und 1706 Kammerherr des Kaisers.

Die gräfliche Familie Schönborn, in den ausgehenden Jahren des siebzehnten und ersten Jahrzehnten des achtzehnten Jahrhunderts eine der bestimmenden Familien der kirchlichen Hierarchie des Reiches, deren Angehörige zeitweilig auf den Bischofsstühlen von Bamberg, Würzburg, Trier, Mainz, Speyer und Konstanz saßen und somit in Deutschland auch als Landesherren einen beachtlichen Einfluss geltend machen konnten, war gewissermaßen eine Garantie für das rasche Fortkommen eines so talentierten jungen Mannes.

Dennoch muss die große Sympathie Josephs I. ausschlaggebend gewesen sein und die Fürsprache des Kaisers den Papst bewogen haben, einen so jungen Adeligen zum Kardinal zu ernennen. Der Kaiser übertrug ihm 1706 die Verwaltung eines Gebietes in Norddeutschland, und kurz darauf berief ihn Clemens XI. ins Heilige Kollegium. 1716 trat dann der etwas außergewöhnliche und merkwürdige Fall ein, dass ein Kardinal zum Coadjutor des Bischofs und schließlich zum Fürstbischof von Speyer „avancierte“. 1740 erhielt Schönborn auch noch das Bistum Konstanz, vereinigte also in späteren Jahren unter dem Kardinalshut die Mitren zweier Hochstifte.

Der Kardinal von Schönborn gilt in der Geschichte des Bistums Speyer mit Recht als einer der tatkräftigsten, weisesten und gütigsten Oberhirten. In die Jahre seiner Regierungszeit fallen die hauptsächlichen Wiederaufbauarbeiten des durch die Katastrophen von 1689 so übel zugerichteten Landes, der Beginn der Restaurierung des Speyerer Domes und die Errichtung des Schlosses zu Bruchsal. Und als Schönborn am 19. August 1743 starb, wurde er im Bistum und über dessen Grenzen hinaus aufrichtig betrauert.

Interessant für die Sitten der Zeit ist ein Bericht, der uns von einem Augenzeugen des Leichenbegängnisses überliefert wurde. Der ganze Prunk eines so repräsentationsfreudigen und selbstbewußten Jahrhunderts

wurde entfaltet, um dem verstorbenen Fürstbischof die letzte Ehre zu erweisen.
Der Trauerkondukt wurde von einem Grenadierleutnant der Garde mit folgender Mannschaft angeführt. Ihnen folgte der „Trauerführer“, wohl ein bischöflicher Rat, in langem schwarzen Mantel, mit florumwundenem Stabe und flankiert von vier Pagen, die wappenverzierte Kerzen verschränkt trugen. Dann kam die Schuljugend mit ihren Lehrern, die Bürgerschaft, in Zünfte geordnet, von denen jede auf umflorten Stangen zwei weiße Kerzen trug. Der Rat der Stadt hatte sich in langen schwarzen Mänteln eingefunden und beteiligte sich ebenfalls kerzentragend am Leichenbegängnis. Ihm folgten die Kapuziner mit einem großen Vortragkreuz und die Abgeordneten der Klöster und des Seminars. Je zwei domkapitularische „Stäbler“ führten die Gruppe des jüngsten Domherrn und der beiden ältesten Landpfarrer des Hochstiftes an. Der Kapitular trug das Kreuz der Kathedrale, die Landgeistlichen Rauchfass und Weihwasserkessel.
Hinter ihnen schritten die Choralisten, die Domvikare, die Dekane, die fürstbischöflichen geistlichen Räte, die Abgeordneten der Stifte, die Abgeordneten der Probstei Weißenburg im Elsass und des Bruchsaler Ritterstiftes, die Herren des Domkapitels und der Weihbischof von Worms, der mit vier Assistenten den erkrankten Speyerer Weihbischof vertrat. Der Hoffourier folgte, von Fackelträgern begleitet. Er führte die Hofbediensteten, die Lakaien und Heiducken an.
In gemessenem Abstand trugen drei Chrorherren auf goldverbrämten Kissen den Kardinalshut, die Inful und den Stab des Verstorbenen. Zwei Standesherren

gingen hinter ihnen mit dem fürstlichen Schwert und dem Deutschordensmantel. Der Oberstkämmerer des Fürstbischofs, Freiherr von Lehrbach, trug auf silberner Schale das silberne Gehäuse, das das Herz des toten Kardinals barg. Schönborn war, der Sitte der Zeit gemäß, einbalsamiert worden. Brennende Fackeln flankierten den ältesten Kammerdiener, der die Mozza cardinalitia mitführte. Hinter ihm marschierten die Offiziere der Trabenten, die hochstiftlichen Bereiter und die übrigen Kammerdiener. Der Sarg des Kardinals wurde auf einem prunkvollen Wagen unter einem Baldachin gefahren, je sechs Trabenten trugen Fackeln, vier bischöfliche Lehnsherren hielten die wappengeschmückten Enden des Bahrtuches.
Hinter dem Sarg gingen die Hofmeister von Radenhausen, die Statthalter des Kapitels, der Freiherr von Löwenburg als Vertreter des Kapitels von Konstanz, Herr Franz Erwin von Schönborn, Erbschenk zu Mainz und geheimer Rat des Kaisers. Er war der nächste Verwandte des Verstorbenen und sein Erbe. Er wurde von dem Grafen von Seinsheim, Domherrn zu Speyer und Regierungspräsident des Hochstifts, begleitet. Ihnen folgten die Räte und Junker, die Leibärzte und Syndici des Domes, die Kammerräte des bischöflichen Stuhls, die hochstiftlichen Beamten mit dem Kanzler und schließlich ein Leutnant, der mit einem Zug bischöflich-speyerischer Dragoner den Trauerkondukt beschloss.
Das Domkapitel zu Speyer wählte am 14. November 1743 Herrn Franz Christoph von Hutten zu Stolzenberg zum Nachfolger des Kardinalfürsten von Schönborn auf den bischöflichen Stuhl von Speyer.

ADRIAN ANDREAS PFANNENSCHMIDT

Ein Kapitel Wirtschaftsgeschichte aus reichsstädtischer Zeit

Das Jahr 1689 hatte die Stadt Speyer in einen Trümmerhaufen verwandelt. Erst zu Beginn des neuen Jahrhunderts kehrten die Bürger, denen der Aufenthalt in der Heimat verboten gewesen war, zaghaft zurück. Zwar galten die alten Privilegien noch, aber das Elend war so groß und der Neubeginn so schwer, dass sich das Leben innerhalb der notdürftig wiederaufgebauten Mauern nur langsam zu normalisieren begann. Die Ruinen ringsum waren eine täglich gegenwärtige Kulisse, vor der sich ein mühsames Kämpfen mit den Widrigkeiten der Zeit abspielte. Rat und Bürgerschaft setzten wohl alles daran, aus dem Schutt ein neues Gemeinwesen werden zu lassen – aber dieses alles war gar wenig. Von den Reichstagen, die vordem den Glanz der Stadt ausmachten, wagte man gar nicht zu sprechen. Das kaiserliche Kammergericht hatte seinen Sitz nach Wetzlar verlegt, und mit ihm waren die zahlreichen Richter, Advokaten und Kanzleibeamten davongezogen. Der Bischof residierte in Bruchsal. Der so stolze Name der freien Reichsstadt war zur Bedeutungslosigkeit herabgesunken. Der Handel vergangener Jahrzehnte war zum völligen Erliegen gekommen. Erst um die Mitte des 18. Jahrhunderts hatte das äußere Bild der Altstadt wieder etwas Gestalt angenommen. Es war eben zu der Zeit, als Adrian Andreas Pfannenschmidt durch das Altpörtel in Speyer einfuhr.

Wer war dieser Mann? Wenn wir heute unter den Speyerern umfragen würden, so könnten nur wenige eine Antwort auf die Frage geben. Die meisten haben den Namen wohl nie gehört. Und doch verdankt ihm unsere Stadt sehr viel. Noch im vergangenen Jahrhundert nannte man ihn den „Wohltäter von Speyer".

Eines Sommermorgens im Jahre 1755 hatte der Ratsschreiber im schönen Sitzungssaal des neuen Rathauses neben anderen Weisheiten der Stadtväter auch jenen Beschluss auf starkes Lumpenpapier geschrieben, der dem zu Quedlingburg geborenen Adrian Andreas Pfannenschmidt das Bürgerrecht gab. Der Schönfärber Pfannenschmidt, damals 31 Jahre alt, war weit in der Welt herumgekommen, hatte viele fremde Länder gesehen und mancherlei gelernt, bevor er sich am Rhein niederließ. Hier begann er nun in beachtlichen Mengen Land zu pachten und zu kaufen, baute Krapp an, bereitete ihn zu und sorgte für den Vertrieb des Fertigprodukts. Die Speyerer mögen wohl zunächst den Kopf geschüttelt haben ob der ungewohnten Tätigkeit und der noch fremderen Pflanze. Doch wurde der Schönfärber Pfannenschmidt sehr bald ein wohlhabender Mann, und seine Ermunterungen und Ermutigungen, die Mitbürger sollten es ihm doch gleichtun und mit ihm zusammen arbeiten, wurden nach und nach befolgt. Der Krappanbau wurde beinahe zu einem Privileg Speyers und seiner näheren Umgebung. Bis gegen Landau hin erstreckten sich weitläufige Felder, und die Krappdörre auf dem Weidenberg, die der umsichtige Pfannenschmidt einrichten ließ, lieferte in immer größeren Mengen den einzigen Exportartikel Speyers, der das so notwendige Geld in die arme Stadt fließen ließ. Des Unternehmers Name wurde bekannt und geradezu berühmt. Das 18. Jahrhundert mit seinem aufstrebenden Manufakturwesen bewunderte Leute vom Schlage Pfannenschmidts. Kaiser Franz, der Gemahl der Maria Theresia von Österreich-Ungarn, fragte in Speyer an, ob Herr Adrian Andreas nicht gesonnen sei, in die Erb-länder überzusiedeln. Man bot dem erfolgreichen Schönfärber alle erdenklichen Chancen. Der Landgraf von Hessen warb mit goldenem Lohn, Titeln und aussichtsreichen Möglichkeiten. Doch Pfannenschmidt war zwischenzeitlich auch im Herzen Speyerer geworden. Er liebte diese Stadt und seine Arbeit am Ort. Er dachte gerade während der unsicheren Jahre des Siebenjährigen Krieges nicht daran, das einmal begonnene Werk, das Speyer zu einigermaßen geregelten Einkünften verholfen hatte, im Stich zu lassen. In aller Bescheidenheit lehnte er die Berufungen der fremden Fürsten ab. Der Rat der Stadt war ihm dafür so dankbar, dass er ihn in Anerkennung seiner großen Verdienste zur Würde des reichsstädtischen Senators erhob.

Der Herr Senator hatte dafür gesorgt, dass die Korrespondenz, die des Speyerer Krapps halber in die Lande ging, bis nach London, Paris und Italien unterwegs war. Zudem machte er sich auch als Literat einen Namen. 1760 erschien sein Fachwerk „Vom Geheimnis, das Leinen dauerhaft roth zu färben“. Mannheim war der Erscheinungsort des Buches. 1769 ließ er dem ersten Band ein Handbuch folgen: „Praktischer Unterricht von der Färberröthe oder Krapp“. Sein Ruf als

Fachmann war überall gleich groß. Ausländische Gelehrte und Forscher erbaten seinen Rat.
Dem so tüchtigen Mann war ein langes Arbeiten und viel Erfolg beschieden. In den Straßen Speyers war seine hochgewachsene Gestalt wohlbekannt und sein Malakkarohr mit goldenem Knauf genoß Sprichwörtlichkeit. Am 1. September 1790, als im Westen unserer Heimat das Unwetter der Revolution zu grollen begann, ist Adrian Andreas Pfannenschmidt gestorben. Vielleicht hat die rasche Entwicklung der chemischen Industrie im letzten Jahrhundert und das Emporstreben Ludwigshafens, das dem Krappanbau in Speyer mit einem Schlag den Todesstoß gab und die Färberindustrie unrentabel gestaltete, den Namen des Senators Pfannenschmidt in Vergessenheit geraten lassen. Verdient hat er es nicht.

DIE GEWOHNTE JÄHRLICHE SPEYERER LIEBESSTEUER

Randbemerkungen zu vergilbten Briefen des 18. Jahrhunderts

Damit keiner auf die Idee kommt, amtlicherseits neue Steuerquellen aufzutun, muss wohl gleich von Anbeginn gesagt werden, dass der in der Überschrift gebrachte Ausdruck eidgenössischem Sprachgebrauch entnommen wurde und keinerlei fiskalische Bedeutung hat. Wenn auch der hohe Rat unserer Vaterstadt das Regieren im 18. Jahrhundert gar trefflich verstand, so war er doch menschlich genug, um das traute Verstehen zwischen Untertanen männlichen und weiblichen Geschlechts nicht der sonst auf allen anderen Gebieten präzise durchdachten Mautpflicht zu unterwerfen. Die Liebessteuer, von der zu berichten sein wird, hat nichts mit „amor", sondern etwas mit „caritas" zu tun. Die Lateiner umgingen die leicht misszuverstehende doppelte Bedeutung dieses schönen deutschen Wortes geschickter als wir.

Die „Liebessteuer" wurde in der so edlen und auf gute Sitten sehenden Eidgenossenschaft ersonnen, als die Speyerer zu Beginn des 18. Jahrhunderts darangingen, die von den Franzosen hinterlassenen Trümmer wegzuräumen und Häuser, Kirchen und Schulen wieder aufzubauen. Irgendein findiger Pfarrer hatte sich ausgedacht, dass man die wohlhabenden Helvetier darin bestärken müsse, Gutes zu tun. Die Heilige Schrift macht das rechten Christenleuten ohnehin zur Pflicht, und da diese Pflicht „zumeist an des Glaubens Genossen" geübt werden soll, so ergab es sich, dass die Calvinisten südlich des Oberrheins den Reformierten am Mittelrhein verpflichtet waren.

Als man in Speyer begann, die Heiliggeistkirche zu bauen, flossen die ersten Gelder von der Limmat an den Speyerbach. Der Herr Stadtunterschreiber und Legationssekretarius der Stadt Zürich kündigte das mit wohlgefügten Worten an und teilte den „Wohledlen, gestrengen, wohlehrwürdigen und wohlgelehrten Herren der reformierten Gemeinde zu Speir" mit, dass die eidgenössischen löblichen Stände zu Zürich, Bern, Basel, St. Gallen und Mühlhausen beschlossen hätten, solche „Liebessteuer" zum Besten der Speyerer nicht

nur einmal zu erheben, sondern auf zunächst unbestimmte Zeit jährlich zu kassieren. Die Schweizer haben im Gutes tun disziplinierte Übung von altersher.
Und so geschah es denn, dass diese Beträge Jahr um Jahr von den „Tagsatzungen“ neu festgesetzt wurden, und es spricht für die Geber, dass sie das nahezu ein Jahrhundert lang durchhielten.
Es war gar nicht so einfach, die erhobenen „Liebessteuern“ in einem von Kriegslärm ausreichend erfüllten Jahrhundert immer wieder an den Mann zu bringen. Man benutzte Bankverbindungen über Frankfurt. Herr Bethmann, der berühmt gewordene Ahn der Familie, schrieb häufig, dass er den oder jenen Betrag einem Abholer gegen „quittance“ auszuhändigen gesonnen sei. Allerdings muss das einmal schiefgegangen sein. Denn auf eine Reklamation aus Speyer hin teilt er mit, er habe den monierten Betrag bereits an einen durchreisenden Schiffer namens Soundso bezahlt. Dieser jedoch hatte das Geld nie abgeliefert, und ein milder Seelsorger unserer Stadt hat dann auch den Namen des Defraudanten säuberlich im Brief gelöscht, damit nachfolgende Generationen keinen Stein auf die Familie werfen sollten. Herr Bankier Bethmann war ein großzügiger Mann: Er ersetzte den Betrag „mit Vergnügen“, damit „die Speyerer Gemeinde keinen Schaden nähme, welches ihm leid“ sei.
Am 14. März 1763 schreibt der Züricher Stadtsekretär Heinrich Lavater der Ältere, dass man heuer einen guten Weg gefunden habe: „Da die Zeit zur bevorstehenden Frankfurter Ostermesse herannaht, so wollen wir nicht anstehen lassen, die letztes Jahr erhobene Liebessteuer beschüssig zu übersenden. Das Geld

selbsten wird Herr Johannes Lavater der Jüngere an Ort und Stelle ausbezahlen, wann er dorten durchreiset.“ Berühmte Namen klingen auf! Sie stehen stolz neben den Siegeln der Stadt.

Im April 1794 lässt der Herr Legationssekretarius Wyss aus Zürich wissen, er könne das Geld nicht senden. „Die Briefe sind mir allein wegen der dermaligen Hemmung des Postwesens durch diesen leidigen Krieg jedes Mal wider zurückgekommen.“ Man habe nun die Bankiers Gontard und Söhne in Frankfurt gebeten, „par avance“ zu zahlen, was „dero ergebenster Diener Gontard“ auch wenige Wochen später bestätigt. Der Züricher Ratsschreiber teilt darüber hinaus zu seinem „größten Bedauern“ mit, dass sich die Liebessteuer in diesem Jahr erstmalig vermindert habe, weil „löblicher Stand Bern wegen anwachsender Menge ähnlicher Ausgaben in seinem eigenen Lande seinen bisherigen Beytrag nicht mehr bewilliget“ habe.

Im Januar 1796 endet die Korrespondenz mit den Eidgenossen. Die Not der Revolutionskriege hatte sich auch in der Helvetischen Republik bemerkbar gemacht. Man musste an die eigenen Sorgen denken. Der Stadtsubstitut Landolt erklärt das mit rührend entschuldigenden Worten und meint: „Mit dem aufrichtigen Wunsch der eidgenössischen Stände, dass die göttliche Vorsehung Euere so liebe Vaterstadt von dem jammervollen Unglück der damaligen Zeitumstände bald befreyen möge, grüßen wir ergeben“. Der Brief trägt einen französischen Poststempel. Die Zeiten der Reichsunmittelbarkeit waren zu Ende. Ein Herr Daniel Amadeus Brevillier in Frankfurt war bemüht, diesen letzten Liebessteuerbetrag richtig zuzustellen. Er schreibt noch, dass er die Gulden „einem Herrn Birkenstock anvertrauet“ habe, um dadurch „das Porto zu ersparen“. Jener habe ihm aber die Quittungen zurückgesandt, was „sehr verwundert“. Das war die Geschichte der „gewohnten jährlichen Speyerer Liebessteuer“ – die trotz ihres ein wenig verdächtigen Namens ein berührendes Bild eidgenössisch-reichsstädtischer Beziehungen im 18. Jahrhundert zu zeichnen vermag und den Schweizern mit einem ehrenden Gruß der Nachfahren gedankt sein soll.

DES HERRN LANDVOGTES SCHWERSTER BRIEF

In Speyer fand ein junges Leben seine letzte Heimat

Ich fand ihn gerade neulich, diesen Brief, und er wäre mir eigentlich gar nicht aufgefallen, wenn nicht die elegante, schöne Handschrift des einstigen Schreibers so bestrickend abgestochen hätte von den derben Quittungssignaturen Speyerer Handwerksmeister und den säuberlich gemalten Faszikeleintragungen reichsstädtischer Rechner. Aber mit diesem Brief war ein Louisdor von Basel nach Speyer gekommen. Der Brief wurde deshalb Beleg. Und Belege müssen aufbewahrt werden. So blieb er zwischen der Rechnung für einen neuen Blasbalg in der Heiliggeistkirche und den Empfangsbestätigungen über das kümmerliche Jahresgehalt des

weiland reformierten Schullehrers ganz ordentlich eingeheftet.
Fremde Briefe sind Dinge besonderer Art. Man bekommt viele Briefe, bis ein Jahr sich rundet, bis ein Leben sich neigt. Die meisten sind alltäglich, manche bringen herbe Kunde, andere frohe Nachricht – es ist auch da wohlgemischt. Wenige aber behalten Gewicht, weil sie ein Leben änderten. Briefe können ein Leben ändern – wer wollte es bestreiten?
Da liegt nun das vergilbte Blatt vor mir. Das Siegel ist gebrochen – seit einhundertachtzig Jahren schon. Und ein wenig scheu liest man, was der Herr Landvogt von Basel auf dem Schloss Mönchenstein am Morgen des 22. April 1782 zu Papier brachte, als er dem „Wohlwürdigen, Wohlgelehrten, insbesonders Großgünstigen Herrn" Pfarrer bei Heilig Geist zu Speyer diese Zeilen schrieb. Die ganze Politesse des achtzehnten Jahrhunderts wird lebendig, wenn es heißt: „So betrübt und niederschlagend in meiner noch übrigen kurzen Lebenszeit dieser Anlaß immer für mich seyn wird, aus welchem Euer Wohlerwürden großer Nahme mir bekannt geworden, werden doch Wohlderoselben mir, einer Ihnen gänzlich unbekannten Person erwiesenen großen und seltenen Liebesdienst jeweilen zu preisen und mich dafür dankverpflichtet zu erachten nicht ermangeln."
Der Herr Landvogt auf Schloss Mönchenstein muss an dieser Stelle mit dem Schreiben innegehalten haben. Die Tinte des anderen Absatzes dunkelt in veränderter Farbe. „Nicht nur haben Sie besorgt, dass der Leichnam meines Liebsten und einzigen Sohnes christlich und anständigerweise zur Erde bestattet worden, Ihre Vorsorge ging noch auf mich, dessen höchstgebeugten alten Vater. Sie

nahmen die Mühe, selbst an einen meiner Freunde, den Herrn Postmeister zu Basel zu schreiben und mich auf das Vernehmen dieses traurigen Falles mit möglichster Sorgfalt zu praeparieren. Denselben gleichsam beschwörend, alles Mögliche zur Erleichterung dieser schmerzlich berührenden Nachricht zu tun. Sie fügten zugleich den köstlichsten Balsam in meine frischen Wunden bey durch kräftigen und wahren Trost, dass wir Christen in die unerforschlichen Wege Gottes uns zu schicken haben und dieselben mit Demuth und Anbetung bewahren sollen."

Es geht zu Herzen, wenn man weiterliest: „Ich bin außerstande, für diese mir erwiesene Güte Euer Wohlwürden gebührend zu danken. Der liebe Heiland aber, der Vergelter alles dessen, was Sie an einem der Geringsten getan haben, wird auch gewiß diese einem Fremdling aus fernem Lande erwiesene Wohltat nicht unvergessen lassen. Ich wenigstens flehe zu ihm von Herzen, er möge Sie, die Ihren und die Bürger der Stadt, die meinem Sohne auf ihrem Gottesacker ein letztes Heimrecht gegeben haben, segnen."

Der Landvogt bittet in der Folge den Geistlichen um nähere Nachricht, wie sich die letzten Stunden seines Sohnes, dieses „so wahren, frommen, die Tugend und die schönen Wissenschaften liebenden, vom Fleiße gezierten, just 19jährigen baslerischen Jünglings" abspielten. Er bittet um Vergebung für die lobenden Worte, die er seinem toten Kinde widmet, doch meint er, „gerade wegen seiner erwähnten guten Art ist mir sein Verlust so schwer und mein Gemüth ständig angefochten bis in den Tod".

Und bevor der hohe Herr unterzeichnet, fügt er dem Blatt ein Goldstück an, von dem er meint, „dass die demüthigste Bitte werde erfüllet werden, solches Geldstück in den Gotteskasten zu legen.“ Mit klarer Schrift steht der Name geschrieben: „Euer bereitwilligster Diener Johanns Jakob Thurneysen, doctor, Landvogt auf Schloß Mönchenstein.“

Ein Stücklein Geschichte, ganz am Rande vermerkt. Ein verwehtes Blatt durch nahezu zwei Jahrhunderte hergetragen vom Herbstwind des Lebens. Der Gottesacker, da die Bürger von Speyer dem Sohn des Vogtes einst „letztes Heimrecht“ gaben, ist schon lange vergessen. Der Pflug ging über ihn und wenige wissen, dass zwischen Guidostiftsplatz und Eselsdamm einst Tote zur letzten Ruhe gelegt wurden. Woran der junge Basler gestorben sein mag? In den Kirchenbüchern steht nur vermerkt: „Den 9. Aprilis starb hier J. Thurneysen aus Basel, des Landvogts auf Schloß Mönchenstein Sohn, der in Frankfurt in der Lehre gewesen und auf der Rückreise in seine Heimat war, im Gasthof zum König von Preußen. Wurde am 10. begraben.“

Zwölf Tage später schrieb der Vater einen Brief nach Speyer. Und da er einen Louisdor umschloss, wurde er Beleg. Belege aber müssen verwahrt werden. Und so ist er geblieben – letztes Zeichen eines vergessenen jungen Lebens, das in der Fremde ein Ziel fand, dem unsere Stadt letzte Heimat geworden.

„NACH ÜBLICHEM SPEYERSCHEN GEBRAUCH“

Das letzte öffentliche Hochgericht im Speyergau Anno 1787

Anno 1787 hatten die Bänkelsänger auf den Märkten in deutschen Landen eine gar schlimme Geschichte zu berichten: In Gommersheim hatten zwei Söhne ihren betagten Vater ums Leben gebracht. „Philipp Peter Vogel war, da der Herrschaft untertan und von einundsechzig Jahren, ein wohl angesehner Mann. Durch des Himmels reichen Segen, so durch Arbeit wird vermehrt, war sein sämtliches Vermögen dreißigtausend Gulden werth.“ Also betucht und leider verwitwet, fasste der gute Mann den löblichen Entschluss, auf die späteren Tage hin ein anderes Mal in den Stand der Ehe zu treten. Den Herren Söhnen passte das nicht, zumal die Auserkorene des Familienoberhauptes jahrelang Dienstmagd im Hause gewesen war. Da der Sinn des Freiers wohl nicht zu wenden war, fielen die beiden Sprösslinge, Männer im so genannten besten Alter, über den Standhaften her, knebelten ihn und würgten ihn so lange, bis er nach etwa 40 Minuten das Zeitliche gesegnet hatte. Die Volkslyrik beschreibt das Geschehen sehr anschaulich: „Halb schon tod und halb noch lebend gruben sie ihn in die Erd, so dass er noch widerstrebend sich darinnen umgekehrt. Bis er kämpfend ausgerungen, keine Hülfe mehr erwarb und von Pein und Schmerz durchdrungen des langsamsten Todes starb.“

Der Herr Graf von Degenfeld-Schomburg, Landesherr von Gommersheim, hatte sein Urteil bald fertig.

Immerhin war er ein aufgeklärter Mann und sandte die Prozessakten an die Tübinger Akademie, damit ja kein Unrecht geschehe. Das Gutachten der dortigen Professoren beruhigte ihn aber. Und so beauftragte er seinen Amtmann in Altdorf mit der Fortführung der bösen Angelegenheit, wobei diesem aufgegeben wurde, nach dem „Land üblichen Stadt Speyerschen Gebrauch“ zu verfahren. Das hieß zu deutsch, dass die beiden Missetäter lebendig gerädert und ihnen daneben die rechte Hand abgehauen werden sollte. Der Herr Amtmann ahnte, was ihm bevorstand, und er sah sehr bald, dass des Herrn Grafen Verlangen gar nicht so leicht zu erfüllen war. Zunächst fehlte ein Scharfrichter. Die Reichsstädter hatten auch keinen zu verleihen. Jedoch half da die bischöfliche Administration aus. Der Bruchsaler Henker erhielt Marschbefehl ins Gäu. In der Zwischenzeit hämmerten und hobelten die Gommersheimer und Altdorfer Handwerker an den Rädern und Pfählen herum, denn es entsprach altem Brauch, dass bei der Herstellung solch hochnotpeinlicher Utensilien alle Handwerker des Ortes beteiligt werden sollten. Dafür, dass die Rabenbrüder also dem „Speyrschen Gebrauch“ gemäß vom Leben zum Tode befördert werden konnten, war gut gesorgt.

Das größere Problem stellte sich jedoch erst in der Stunde, als der Hinrichtungstermin genau bekannt gegeben wurde und die halbe Vorderpfalz samt der näheren und weiteren Nachbarschaft in Bewegung geriet. So etwas musste man doch gesehen haben! Der Amtmann nahm Feder und Papier und schrieb an den Speyerer Rat einen Brief. Ob man ihm denn nicht behilflich sein könne. Er habe zwar bereits einen Graben von vierzig Meter entlang der Richtstätte ziehen lassen, damit ihm das Volk nicht zu nahe heranlaufe, aber das allein werde ja wohl kaum genügen. Drum möchten die „Herren Speyerer“ so freundlich sein, ihm für den makabren Termin ihre Bürgerreiterei zu schicken, die dann den Absperrdienst versehen könne. Die Herren Speyerer entschuldigten sich auf eine großartige Weise: Nein, sie wollten die „Reuterey“ nicht delegieren. Die städtischen Kavalleristen rekrutierten sich ohnehin zum größten Teil aus Metzgern, und so könne es gut sein, dass „sie sich gleich besaufften und gar die ersten sein mögten, die Unordnung machen.“ Allem Anschein nach hatte der Rat üble Erfahrungen hinter sich. Immerhin sprangen die Essinger Bürgerwehren ein, und der Johanniter-meister aus Lustadt schickte auch eine Kompanie Militär, die „unter türkischer Music und mit fliegenden Fahnen“ am Schafott aufmarschierte.

Am 15. Juni war es dann soweit. Nach der Verurteilung im Schlosshof zu Altdorf wurden die Vatermörder in gebührendem Abstand zum Richtplatz geführt. Der Weg dauerte eine Stunde. Wenn man den Angaben der Zeit glauben darf, waren hunderttausend Menschen gekommen, um das schreckliche Schauspiel mit anzusehen. Mag die Zahl übertrieben sein: Sie zeigt, welche Menge Volks herbeigewandert war. Vier Geistliche geleiteten die Delinquenten, die sich nach dem Bericht des Schwegenheimer Pfarrherrn sehr ordentlich benommen haben sollen und der weltlichen Gerechtigkeit keine weiteren Schwierigkeiten mehr bereiteten. Ein Stich, der „bey Joh. Bugg in Mannheim" zu haben war, schildert der Nachwelt das grausige Geschehen. Während der ältere Bruder vom Henker gerade säuberlich gerädert wird, mühen sich einige Pfarrer mit erhobenen Armen um den Wartenden, der den Zuspruch der Theologen geduldig anzuhören scheint.

Vierzehn Tage blieben die Geräderten öffentlich zur Schau gestellt. Der Schwegenheimer Pfarrer erzählt davon: „Der Zulauf war ganz unglaublich. Alle Straßen und Wege waren mit Menschen bedeckt. Von mehr denn dreißig Stunden weit waren Neugierige gekommen, sogar mit ihren Kindern. Die Bäume waren voll besetzt, die Dächer meist abgedeckt. Man hatte Mühe, die Missetäter durchzubringen und es ist ein Wunder, daß alles ohne Unglück abgegangen."

Die Pfarrakten berichten noch sehr ausführlich davon, dass „beide über ihre Tat weinten und sie tief bereuten, ja, daß sie glaubten, durch die Hinrichtung wieder schuldlos zu werden und gereinigt vor Gott zu treten."

Zwei Jahre später wehte der Wind der großen Revolution aus dem Westen über die Pfalz hin. Die kommenden Ereignisse veränderten auch die Justizbräuche, und so wurde den Brüdern Vogel die zweifelhafte Berühmtheit zuteil, mit ihrem Tod nach „üblichem Speyerschem Gebrauch" das letzte öffentliche Hochgericht im Speyergau bestritten zu haben.

„DER HERR HAT GROSSES AN SPEYER GETAN“

Das Dankfest der Speyerer Bürgerschaft an Pfingsten 1789

Im Frühjahr 1789 trug der städtische Konsulent Petersen auf Wunsch der Bürgerschaft dem Rat die Bitte vor, man möge „wegen dem 100jährigen Verlauf seit der Zerstörung hiesiger Stadt auf bevorstehendes Pfingstfest ein Dankjubiläum“ abhalten, und die Stadtväter begannen mit einiger Umständlichkeit, dieses Vorhaben eines bisher ohne Vorbild gewesenen Tages zu beraten. Nach etlichem Hin und Her wurde Beschluss gefasst und verordnet: die gesamte Bürgerschaft habe sich an einem Gedenkzuge zu beteiligen, der zum offiziellen Festgottesdienst in die lutherischen Dreifaltigkeitskirche gehen sollte, und man gebot den Zunftgenossen „ohne Unterschied der Religion,“ sich zum gesetzten Zeitpunkt auf ihren Stuben zu versammeln, sich von dort zum Rathaus zu begeben und sodann nach einer „solennen Prozession“ der kirchlichen Feier in „hergebrachter Ordnung“ beizuwohnen. Ein Fernbleiben wurde nur bei „nachweislicher Unpäßlichkeit“ gestattet und sogar mit „gehöriger Ahndung“ bedroht. Allerdings sollte es im Belieben der katholischen und reformierten Mitbürger bleiben, beim Eintritt in die lutherische Kirche aus dem Zuge auszuscheren und sich „in die Kirchen ihrer Konfession zu verfügen“.

Der Rat der Reichsstadt wandte sich mit gleichlautenden Schreiben an die Geistlichkeit und sprach darin die Erwartung aus, dass „ein jeder Bewohner der

Stadt, welcher ein gefühlvolles Herz habe, und welcher den dermaligen beglückten Zustand mit der traurigen Lage der Vorfahren vergleiche, erkennen werde, daß es eine heilige Pflicht sei", Gott Dank zu opfern und sich nicht nur bei besagtem Gottesdienst „fleißig einzufinden", sondern auch „den ganzen Tag in und außer der Kirche sich stille und eingezogen zu verhalten".

Dem Domkapitel gab man von der Ratsentschließung „in nachbarlichem Vernehmen eine ziemliche Nachricht" und ließ offen, in welcher Form die Prälaten an dieser oder der geplanten weltlichen Feierlichkeit im Rathaus teilnehmen sollten. Außerdem faßte man ins Auge, zur Unterstreichung der „Harmonie und Zuneigung zwischen Magistrat und Bürgerschaft" jeder der zwölf Zünfte ein noch zu bestimmendes Quantum Wein aus den Kellern des Rates zu schenken, „welches sie jedoch erst am folgenden Tag zu verzehren" hätten. Das Spielleutehalten wurde den Wirten für den Danktag streng untersagt. Endlich ließ man die beiden amtierenden Geistlichen noch wissen, die Ansprache während des Dankgottesdienstes dürfte am Altar eine dreiviertel Stunde, die Predigt von der Kanzel eineinhalb Stunden zeitlich nicht übersteigen.

Die Stadtwachen wurden angewiesen, während der Feier, die die Stadt in einer großen Familie versammeln würde, die Tore doppelt zu besetzen. Wegen des Freiweines kam es noch zu Debatten. Die Bürgermeister meinten, man solle nicht allzu großzügig sein, und lobten die einem solchen Tage eher angemessene Sparsamkeit. Doch widersprachen einige Räte vernehmlich und äußerten, man soll „dieses Mal eine allzugroße Sparsamkeit nicht vordringen lassen, sondern besagte Rekreation der Bürgerschaft um so mehr verwilligen, als die meisten Bürger sich schon sichere Hoffnungen darauf machten".

Bis man sich der ganzen Einzelheiten halber auf dem Rathaus endlich geeinigt hatte, war das Pfingstfest herangekommen. Der Bischof, der ja nicht in der Stadt residierte, zog sich gut aus der Affäre. Er ließ am Pfingstsonntag im Dom ein „Te Deum" singen und übersandte dem Rat einen Gruß und 220 Gulden für die Armen. Außerdem führte der Domprediger seinen Zuhörern am Sonntag vor dem Fest den Sinn des Gedenkens in „schicklicher und zweckmäßiger Weise" zu Gemüte. Die alte Fehde zwischen lutherischem Stadtregiment und bischöflicher Gewalt war noch nicht begraben. Man lebte zwar in einer „aufgeklärten Zeit" einigermaßen friedlich nebeneinander, doch wurde auf Rechte und Pflichten eifersüchtig gesehen, und so wählte man von beiden Seiten einen gangbaren Weg, der zwar an Deutlichkeit nichts zu wünschen übrig ließ, nach außen aber wenigstens die Form wahrte.

Am Abend des ersten Pfingsttages 1789 läuteten die Glocken von Speyer, denen sich die des Klosters der Dominikaner „beigesellten". Das Domgeläute blieb stumm. Um 7 Uhr erklangen Choräle vom Altpörtel. „Nach allen vier Seiten" wurde „unter Zimbelbegleitung" von der Stadtmusik das Lied „Sei Lob und Ehr dem höchsten Gut" und dann der Choral „Ach bleib mit deiner Gnade" angestimmt. Nach einer „stillen Nacht" - alle Gastwirtschaften hatten geschlossen - wurde das Geläute am anderen Morgen fortgesetzt.

Speyerer Altstadt
„Hasenpfuhl" (ehemalige Fischersiedlung)
Sonnenbrücke, früher Nikolausbrücke

Choräle begleiteten den Gruß der Glocken von den Türmen.
Um 7 Uhr paradierte das städtische Militär vor dem Rathaus. Die regierenden Bürgermeister und der Rat, alle städtischen Bediensteten und die Zünfte, die unter Anführung der Meister von den Stuben gezogen kamen, erwarteten die Geistlichkeit. Eine Viertelstunde vor acht Uhr setzte sich der Zug dann in Bewegung. Voran die Waisenknaben unter Führung des städtischen Waisenvaters, dann die Schüler der reformierten, der lutherischen und der städtischen Schulen, gefolgt von den Geistlichen Schultz, Spatz und Tilmann. Der mit Stock und Degen gezierte Stadtheimburger leitete die städtischen Bediensteten. Wir nennen die Namen dieser Männer – schon deshalb, weil sie bis auf diesen Tag gegenwärtig geblieben sind, ihr Erwähnen eine Ehre für angestammte Bürgertreue bedeutet. Voran ging der Bauschaffner Andreas Förle, begleitet vom Grabenmeister Gottfried Ochsner und dem Stadtjäger Passenauer. Die Kanzleisekretäre Kerner, Philipp, Müller und Güllich sowie der „Herrenknecht" Melchior Martin eskortierten den Rat. Würdig schritten die beiden Regenten der Reichsstadt einher: Herr Bürgermeister Johann Michael Weiß und Herr Bürgermeister Johann Friedrich Trapp. Im geziemendem Abstand folgten die Ältesten des Rates, Caspar Petsch und Christoph Freitag. Hinter ihnen die Stadtsyndici Petersen und Karl Anton von St. Georgen, der Stadtphysikus Dr. Elwert, die Hofgerichtsräte Dr. Köller und Dr. Enslin und die Räte Becker, Schwanckhardt, Stamm, Britz, Pfannenschmidt, Usslaub, Staub, Weiß, Menzer, Rübsamen, Pallant und Lobauer. Der Rats-

schreiber Ohlenschläger, die Sekretäre Fabricius, Deines, Grether, der Stadtadvokat Kulmann und der Hospitalsekretär Welcker beschlossen den Zug der Obrigkeit. Die Bürgerschaft reihte sich in die Gruppen der Zünfte ein. Der Kuriosität halber sei vermerkt, dass die „Hasenpfühler“ eine eigene Genossenschaft bildeten.

Hatte das städtische Militär beim Verlassen des Rathauses den Notabeln durch Trommelschlag und eine Ehrensalve die Honneurs erwiesen, so empfingen am Portal der Kirche Pauken und Trompeten die Ankommenden. Mit dem Lied „Nun danket alle Gott“ nahm der Gottesdienst seinen Anfang. Während die Orgel intonierte, läuteten wieder alle Glocken, und sechs städtische Geschütze, die auf dem Sturmfederischen Platz in Stellung gebracht waren, feuerten Salut. Die reformierte Gemeinde nahm geschlossen am Kirchgang teil, und es wird berichtet, dass auch „sehr viele Katholiken demselben beiwohnten“, so dass es sich als gut erwies, dass der Rat die Emporen der Dreifaltigkeitskirche aus diesem Anlass mit Gerüstholz hatte unterfangen lassen!

Der lutherische Pfarrer gedachte in seiner Predigt des Unglückstages vor einhundert Jahren, der Speyer gänzlich zerstört hatte, in bewegten Worten. „Aber – oh welch eine Freude für uns! – nun blühet das ehehin verbrannte Speyer wieder im Flor! Gott hat sich unserer Voreltern erbarmt, sie wieder hierher gebracht und ihnen Glück und Segen zur Erbauung der Stadt gegeben. In einem Zeitraum von hundert Jahren hat der Herr Großes an Speyer getan!“

Stehend sangen die Anwesenden den Choral „Lobet den Herrn“, während draußen die Glocken einfielen und abermals die Kanonen gelöst wurden.
Nach dem offiziellen Gottesdienst senkte sich die Ruhe eines sehr stillen, besinnlichen Tages über die Straßen und Gassen der Stadt. Man hielt, wie die Pfarrbücher berichten, den Tag „würdig“ und gedachte der Väter und ihrer Not.
Erst am Pfingstdienstag lud der Rat zu einem Empfang ins Rathaus, bei dem die Schüler des Gymnasiums ihre Stadt in lateinischen und deutschen Versen besangen und der Rektor eine Festrede hielt. Mit einem 1719er Wein trank man auf das Wohl Speyers, und in den Zunftstuben hielt man es mit dem Geschenk jüngerer Provenienz wohl ebenso, das die Bürgermeister der Einwohnerschaft zugedacht hatten.
Neben den bischöflichen Gulden wurden noch beträchtliche Geldgeschenke an Bedürftige verteilt, die Jugend bekam auf Rechnung der städtischen Rentkammer mürbe Brezeln, und so schloss der „weltliche Teil“ des Danktages recht speyerisch.
Wie sehr man in der Stadt an all dem Gefallen fand, bezeugen die hinterlassenen Schriften. So teilte man zum Beispiel den Gesandten Speyers – so etwas gab es! – beim Reichstag in Regensburg, beim Oberrheinischen Kreis in Frankfurt, beim Hof in Wien und beim Reichskammergericht in Wetzlar das Geschehen in gedruckter Form mit. Überhaupt fand der Danktag von 1789 einen reichen literarischen Niederschlag.
Sechs Wochen nach diesem Tage stürmten in Paris die Revolutionäre die Bastille. Speyer standen in der Folge der Zeit harte und herbe Jahre bevor. Und darum ist

dieses Dankfest der Bürgerschaft wie ein Abschiedsgruß des so stolzen, alten, freien Stadtstaates geworden, der noch in patriarchalischer Gelassenheit dem Vergangenen verhaftet war, als die sogenannte „neue Zeit“ zum Schlage ausholte, der bald darauf mit seinem Pochen an den Türen des Rathauses den letzten Takt überkommener Freiheit beschloss.

SPEYER UNTER DEM FREIHEITSBAUM

Die letzten Jahre der Freien Reichsstadt Speyer 1792 – 1797

Der 14. Juli 1789 lag schon drei Jahre zurück, und die Franzosen hatten einer staunenden Welt nachdrücklich demonstriert, wie man eine Revolution macht. Sie waren mit ihren mehr oder weniger zweifelhaften Errungenschaften zunächst im eigenen Lande geblieben, aber der Westwind hatte doch allerlei Ideen an den Rhein geweht, und in den Köpfen der Pfälzer spukten mancherlei Erwartungen, die sich auch hierzulande auf Freiheit, Gleichheit und Brüderlichkeit reimten. Schon bald nach dem Bastillesturm hielten Hitzköpfe, die zu solcher Stunde gemeinhin Morgenluft wittern, in den Wirtsstuben Speyers tönende Reden, die Bürger ergötzten sich an Theaterstücken, die recht eindeutige Titel trugen, und ein hoher und weiser Rat der Freien und des Reiches Stadt Speyer sah sich darüber dergestalt beunruhigt, dass er politische Gespräche in den Gasthäusern streng untersagte.

Im Mai 1792 hatten die Höfe in Wien und Berlin nach langem Zuwarten eingesehen, dass es an der Zeit war, etwas zu unternehmen. Dem Übergreifen der revolutionären Idee sollte zuvorgekommen werden, und der Kaiser forderte die Reichsstände auf, mit ihm gegen Frankreich gemeinsame Sache zu machen. So energisch seine Erklärung aber auch klang, der eine Reihe deutscher Fürsten zustimmte – in Speyer und auch an anderen Orten hatte man keine rechte Lust, bei dieser Partie mitzuspielen. Die Nähe der Grenze und die in der damaligen Generation noch sehr gegenwärtigen Erinnerungen an die Ereignisse vor einhundert Jahren kühlten den Mut der Reichsstädter merklich ab. Der Rat glaubte, durch Stillhalten am besten durchzukommen, und erklärte mit der gleichzeitigen Absage nach Wien seine Neutralität. So vernünftig das war – es half wenig.
Bereits im Sommer des gleichen Jahres erbat der Prinz von Condé, Führer einer französischen Emigrantenarmee und damit Verbündeter des Kaisers, Quartier in der Stadt. Der Rat lehnte das Ansinnen unter Hinweis auf den neutralen Status Speyers ab, aber er konnte dennoch nicht verhindern, dass der um Ausreden nicht verlegene Prinz mitsamt seinem Stabe in der Stadt Logis bezog. Die Einquartierung dieser meist adeligen Offiziere war überaus unangenehm. Man stellte Ansprüche über Ansprüche, und kaum waren die Herren Obersten und Adjutanten einigermaßen standesgemäß untergebracht, da rückten auch schon über 2000 Soldaten nach. Sie blieben zwar nur zwei Tage – aber das Andenken, das sie hinterließen, war denkbar schlecht. Von Bezahlung konnte keine Rede

sein, und der Herr Prinz, der mit hundert Personen im Gasthof „Zum Hirsch“ abgestiegen war, überreichte dem Wirt Plappert beim Auszug huldvoll ganze 35 Gulden.

Die kaiserlichen Truppen, die unter dem Befehl eines Grafen Erbach in der Stadt lagen, zogen mit den Emigranten davon. Dafür kamen am 12. September neue deutsche Einheiten aus Mainz, die von einem Oberst Winkelmann kommandiert wurden. Der Krieg war zwischenzeitlich in vollem Gange, die Franzosen rückten schon in der darauffolgenden Woche von Landau aus, das ja zu jener Zeit französisch war, gegen Speyer vor. Am 29. September lagen die Vorhuten der einen und unteilbaren Republik in Feldstellungen bei Schwegenheim. In drei Kolonnen geteilt, marschierten sie über Heiligenstein, Berghausen und Dudenhofen, und der General Custine sandte von dort einen Parlamentär an den Rat der Stadt und verlangte sofortige, bedingungslose Übergabe. Der Rat hätte wohl recht gerne ja gesagt, denn die Lage schien aussichtslos.

Doch der Oberst Winkelmann jagte den republikanischen Unterhändler kurzerhand aus den Toren, und so konnte das Unvermeidliche nicht ausbleiben. Um drei Uhr am gleichen Nachmittag hatten die Franzosen die Kaiserlichen und die Mainzer in die Stadt zurückgedrängt, es gelang der französischen Kavallerie, in die Straßen Speyers einzudringen, und nach einigen Stunden Straßenkampf zwischen Altpörtel und Dom mussten die Deutschen weichen. Winkelmann bot die Kapitulation an. Seine Offiziere erhielten gegen ihr Ehrenwort, nicht mehr gegen Frankreich zu kämpfen, die Freiheit, die etwa 2500 Soldaten aber zogen unter republikanischer Bewachung gen Straßburg in die Kriegsgefangenschaft.

Die Franzosen waren also die Herren von Speyer. In der Stadt herrschte große Bestürzung. Man fürchtete Plünderung und Übergriffe, doch der General Custine hielt strenge Manneszucht, und die Speyerer kamen glimpflich davon. Trotzdem belief sich der Schaden, den die Bürger dem Rat meldeten, auf über 24 000 Gulden. Auf Vorhaltungen des Bürgermeisters wurden einige gestohlene Gegenstände den Eigentümern zurückerstattet – und als dies geschehen war, befahl der neue Gewalthaber den Rat zur Huldigung und legte den Speyerern eine Brandschatzung von 500000 (!) Livres auf. Der Bürgermeister konnte auf irgend- eine Weise erreichen, dass der die Stadt treffende Anteil an dieser Summe zunächst erlassen wurde, aber die Domgeistlichkeit musste umso mehr bluten. Zehn Tage dauerte das Gastspiel der westlichen Befreier. Der General ließ einen Freiheitsbaum am Dom errichten, freigebig dreifarbige Kokarden an die Bevölkerung verteilen und gab sich alle Mühe, den Speyerern das neue System schmackhaft zu machen.

Nach einer großzügig für die Armen der Stadt gegebenen „Spende" von 5000 Gulden, die auch tatsächlich zur Auszahlung gelangte, zogen der General und der Großteil seiner Truppe unter Zurücklassung einer als erträglich empfundenen Besatzung weiter, Mainz entgegen. Es gelang den Franzosen, Mainz zu nehmen. Die Situation der Revolutionsarmee im linksrheinischen Gebiet schien so gesichert, dass nun eine verstärkte Bemühung einsetzte, die Einwohner dieser Landschaft für die Republik zu gewinnen. In Speyer

ging's hoch her. Nachdem der Adel schon gleich zu Beginn über den Rhein geflohen war, reiste ein Professor Böhmer aus Mainz durchs Land und schließlich auch nach Speyer, um durch Ansprachen, Proklamationen und Bildung von Clubs die Sache der dreifarbigen Freiheit zu fördern.
Am 13. November eröffnete der Herr Professor der Bürgerschaft, dass eine Vereinigung der Stadt mit Frankreich sehr wünschenswert erscheine. Er installierte im Fürstenhaus (in der Pfaffengasse) unter großen Feierlichkeiten einen Jakobinerclub, die so genannte Konstitutionsgesellschaft, und die Chronik berichtet, dass sich im Anschluss an dieses Ereignis ein Zug freiheitstrunkener Speyerer hinter einer roten, mit der Jakobinermütze geschmückten Fahne auf der Hauptstraße erging. Die besonnene Bürgerschaft aber lief dem zaghaften Bürgermeister und den eingeschüchterten Stadträten die Tür ein und gab unmissverständlich zu verstehen, dass ihr an einer Veränderung, wie sie da vom Herrn Professor Böhmer gepredigt wurde, ganz und gar nichts liege. Man wolle bleiben, was man war und sei – eine freie Stadt. Der Rat meldete diesen Willen der Bürger nach Mainz, aber Custine kümmerte sich nicht mehr um Wünsche.
Am 23. November erschien ein Abgesandter namens Buhot auf dem Rathaus und „verlieh" der Stadt eine neue „Verfassung". Der Rat wurde kurzerhand abgesetzt, und am 25. November stellte er den Speyerern in dem früheren Ratskonsulenten Petersen, einem eifrigen Freund der republikanischen Sache, den neuen „maire" der Stadt vor. Vor einer Abordnung der Geistlichkeit und der Stände hängte er ihm und dem

ebenfalls neu ernannten Prokurator Reissinger, der vordem Unteramtssekretär gewesen war, die blau-weiß-rote Amtsschärpe um und gab den beiden einen Friedenskuss. Der Maire hielt dann eine Ansprache vom Balkon des Rathauses, und alsbald zog man in feierlicher Form durch die Hauptstraße, um einen weiteren Freiheitsbaum zu pflanzen.

Bei dem am Abend veranstalteten Festball sollen allerdings nur die Clubisten erschienen sein. Die gekränkten und bedrückten Reichsstädter hielten sich zurück. Überhaupt scheint die neue Verfassung in der Stadt sehr wenig Anklang gefunden zu haben. Petersen und Reissinger versuchten zwar mit allen Mitteln, ihre Rathauspolitik populär zu machen – aber sie hatten ihre Rechnung ohne die anderen aufgestellt. Man versprach goldene Berge, um den Sinn der Bürger zu wandeln, das der Annektion durch Frankreich folgende Glück wurde in den schönsten Farben geschildert. Aber eine Begeisterung war nicht zu erreichen. Dennoch wurden Wahlen zu einem Convent nach Mainz ausgeschrieben. Doch der Eidestext, der dort geschworen werden sollte, erregte in Speyer den ersten lauten Widerspruch. Allen voran weigerte sich die Geistlichkeit, auf diese Weise majorisiert zu werden. Die Mainzer reagierten sehr unfreundlich. Im Hessischen war man überhaupt sehr viel rücksichtsloser verfahren.

Auf nochmalige Vorhaltungen der Bürgerschaft, dass man mit der bisherigen Verfassung sehr zufrieden gewesen sei und keinerlei Bedürfnis empfinde, sich eine neue aufdrängen zu lassen, erschien der Präsident der französischen Landesadministration aus Mainz höchstpersönlich in Begleitung zweier Regierungskommissäre und legte den Speyerern dar, dass sie um eine Zustimmung nicht herumkämen. Auf den 4. März 1793 wurden in der Stadt die Wahlen ausgeschrieben und der Bürgerschaft befohlen, den Eid auf die Republik zu leisten. Die katholische Geistlichkeit hatte rechtzeitig Wind von der üblen Angelegenheit bekommen und war über den Rhein geflohen.

Am 9. März berichtete die Zeitung: „Endlich mußten auch die Bewohner von Speyer nachgeben.“ Tatsächlich wurde der Bürgerschaft unter „Zuhilfenahme“ der Garnison und aufgefahrener Kanonen das Gelöbnis abgezwungen. Ein Johann Becker wurde neuer Maire, Petersen und Reissinger wurden nicht wiedergewählt. Immerhin hatten die Speyerer - die Stadt zählte in jenen Jahren mehr als 5000 Einwohner – den Initiatoren aus den eigenen Reihen eine saubere Abfuhr erteilt und sogar auf diese Weise ihre gute deutsche Gesinnung bewiesen.

Doch was half das alles – die Clubisten unter ihrem Chef, dem Kaufmann Holzmann, beherrschten die Stunde. Die Insignien an den Häusern und Amtsgebäuden wurden heruntergeholt, der Lasterstein und das Halseisen am Markt entfernt, selbst am Dom zerstörte man die Wappen. Alle Feudalbriefe, Adelsurkunden und Fürstenportraits mussten abgeliefert werden. Sie wurden verbrannt. Am 30. März wurde der reichsstädtische Galgen als „letztes Zeichen der Unterdrückung“ umgeworfen und zerstört. Über dem Rathaus prangte in blau-weiß-rotem Rahmen der neue Titel: „Maison commune“.

Über Nacht änderte sich das allerdings. Monsieur Petersen und seine Helfer flohen schon wenige Tage

darauf Hals über Kopf, und an Ostern rückten unter dem Kommando des Feldmarschalls Graf Wurmser die kaiserlichen Truppen, die die Franzosen zuvor aus Mainz geworfen hatten, wieder in Speyer ein. Unverzüglich wurde der alte Rat wieder in seine Rechte eingesetzt und Prinz Johann von Lothringen übergab dem Bürgermeister Petsch im Auftrag des Kaisers seine Bestallung. Die Clubisten, die nicht mehr rechtzeitig mit den Franzosen davongelaufen waren, wurden festgenommen, durften in der Folge die von ihnen errichteten Freiheitsbäume wieder umlegen und mussten an dem ebenfalls wieder erstellten Pranger auf dem Markt in Eisen stehen. Ein Buchhändler und ein Buchbinder, die es besonders toll getrieben hatten, mussten viel ausstehen. Die Speyerer reagierten verständlicherweise ihre Wut ab, und es wäre den übrigen Hasenpfühler - Jakobinern wohl dreckig ergangen, wenn der Bürgermeister sich nicht voller Mitleid beim kaiserlichen Gouverneur für sie verwandt hätte. Sie kamen schließlich frei und zogen sich verspottet und sehr kleinlaut geworden in ihre Häuser zurück.
Die Kaiserlichen brachten natürlich nicht nur Annehmlichkeiten mit. In der Augustiner-, Dominikaner- und in der Karmeliterkirche, im Fürstenhaus, im Deutschhof und im Kollegium der Jesuiten waren Hospitäler eingerichtet worden, die in der Stadt und vor den Mauern kampierenden Truppen richteten allerlei Schaden an, und darüber hinaus war die Stadt verpflichtet, unentgeltlich Hilfe zu leisten. Zu allem Unglück wendete sich das Glück der kaiserlichen Waffen. Die ins Elsaß vorgetragene Offensive kam zum Stehen, und in den Weihnachtstagen zogen sich die

deutschen Regimenter nach Mainz zurück. Was nun folgte, verdient Erinnerung – und die Speyerer machten sich auch keine Illusionen. Die Kunde vom wüsten Treiben der zurückkehrenden – rachedurstigen – Sansculotten flog den Avantgarden der Armee voraus, und viele Bürger der Stadt zogen es vor, deren Eintreffen gar nicht erst abzuwarten. In der Nacht vom 28. auf 29. Dezember flohen die bischöflichen Beamten, die Geistlichkeit des Domkapitels und viele andere Speyerer im Sturm und Schneegestöber über den Rhein. In offenen Nachen setzte man über. Der Bürgermeister Petsch starb kurz darauf in Schwetzingen. Am Abend des 29. Dezember sprengten die ersten französischen Husaren durchs Altpörtel. Einige Bataillone Infanterie folgten ihnen auf dem Fuße. Mit ihnen traf Monsieur Lacoste ein, begleitet von den Herren Legrand und Mornier, ihres Zeichens Volksrepräsentanten und „Ausleerungskommissare" der Republik. Ein Speyerer schrieb damals: „Freund, mir fiel die Heuschreckenplage der Ägypter ein! Der Besuch der Frankreicher ist für unsere Gegend eine solche ungünstige Plage von Gott."

Noch in der Nacht wurden die Stadtkassen geleert. 36 Stunden lang plünderten die Franzosen, und in den Straßen und Gassen Speyers blieb kaum ein Haus verschont. Triumphierend schrieb ein Volksrepräsentant nach Paris: „In Speyer ist unsere Eroberung nicht zu berechnen. Außer mit kostbaren Weinen angefüllten Kellern haben wir auch ansehnliche Magazine angetroffen. Die silbernen Gefäße in den Kirchen, die Glocken etc. werden der Nation eine gute Summe eintragen." Noch einmal wurde in der Folgezeit der

Speyerer Altstadt
„Hasenpfuhl"
Speyerbach mit Sonnenbrücke im Winter

Dom, der nach langen Jahrzehnten der Zerstörung unter der Regierung des Fürstbischofs von Limburg - Styrum wiederhergestellt worden war, das Opfer der westlichen Nachbarn. Die vergoldeten Chorstühle, die Heiligenstatuen, die Altäre, die Glocken, die Orgel, die Kelche und Patenen, die Messgewänder und Paramente wurden ebenso gestohlen wie die Bibliothek, das bischöfliche Archiv, das Inventar der Kapitelhäuser und die Möbel der Domherren. Man riss die Turmkreuze von den Kuppeln, das Blei aus den Fensterfassungen, das Kupfer von den Dächern. Die auf der Estrade der lutherischen Dreifaltigkeitskirche stehenden Apostelfiguren wurden zur „allgemeinen Belustigung" herabgestürzt. Das scheußliche Raub- und Plünderungssystem der Rheinarmee unter den Generalen Hoche und Pichegru wurde an kaum einem Ort so widerwärtig und brutal betrieben wie in Speyer. Die Commission de l'évacuation du Palatinat" hauste schonungslos. Wenn man heute die Erinnerungen eines protestantischen Pfarrers liest, die er nach jenen Tagen zu Papier brachte, dann kann man verstehen, wie wahr seine Worte klangen: „Wir stehen am Abgrund des tiefsten Elends."
Am 26. Januar 1794 ließ der Kommissar Mornier die Glocken der Dreifaltigkeitskirche vom Turm werfen. Sie zersprangen gellend auf dem Pflaster und wurden fortgeführt wie alles andere Metall, das man von den Dächern und Zäunen riss. Gleichzeitig wurde dem damaligen Diakonus Mayer bedeutet, er habe unverzüglich den Gottesdienst einzustellen, falls er nicht riskieren wolle, nach Landau abgeführt zu werden. Endlich trafen auch noch, aus Weingarten kommend,

neue Transportwagen ein, und so brachte man denn den Rest des Raubes davon. In der ganzen Stadt war keine öffentliche Uhr mehr auf einem Turme, keine Schlagglocke konnte die Stunden mehr anzeigen, sogar die Abendmahlskelche für die Krankenkommunionen wurden davongeschleift. Die Fenster der Dreifaltigkeitskirche wurden mit Brettern zugenagelt und die Eingänge verschlossen. Den Kirchen erging es übel – will man von der Heiliggeistkirche absehen, die neues „Clubhaus" wurde und dadurch wenigstens ihre Inneneinrichtung behielt. Die Jakobiner huldigten in ihr ihrem Kult der „Vernunft". Der gesamten Bürgerschaft erging es aber um keinen Deut besser. Was nicht niet- und nagelfest war, wurde von den Franzosen aus den Häusern geholt und nach Landau gebracht. Der zurückgekommene frühere Maire Petersen half fleißig mit, seine alten Widersacher namhaft zu machen ...
In der Augustinerkirche trat den Revoluzzern ein Mann entgegen, dessen Name hier wirklich Erwähnung verdient. Pater Florentin Röder, ein 75-jähriger Priester, war nicht geflohen. Er hatte zwar alles Persönliche ebenso eingebüßt wie seine Mitbürger und war bettelarm geworden – aber er versah unbekümmert seine Seelsorgegänge in der Stadt unter den Bajonetten der Franzosen und hielt mit seiner Meinung nicht zurück. Viele Speyerer verdanken seinem mutigen Eintreten und seiner unerschrockenen Haltung die Bewahrung vor dem Schlimmsten. Kurz vor Ostern 1794 holte man ihn aber doch aus seiner Kirche und sperrte ihn ein. Er wurde später ausgewiesen.

Was die Kaufleute offiziell abliefern mussten, wurde zusammen mit dem Mobiliar und den Wertgegenständen, die man aus den Häusern der Geflohenen geholt hatte, vor dem Dom gesammelt und öffentlich versteigert. Die Bevölkerung der Stadt war verzweifelt. Hohnlachend sagten ihnen die elsässischen Kommissäre, man würde ihnen außer ihren Augen nichts belassen. Die aber sollten sie behalten, „um ihr Unglück zu beweinen“.

In diese Schreckensmonate hinein kam die Kunde, dass die Deutschen im Anmarsch seien. Nun begann des Dramas letzter, aber wahrhaft scheußlichster Akt. Die „Ausleerung“ – man wundert sich, dass überhaupt noch etwas übrig geblieben war! – wurde beschleunigt. Die Bürger wurden zwangsverpflichtet, ihre eigene Habe in den folgenden Tagen und Nächten auf die bereitstehenden Wagen zu laden, damit man so noch möglichst viel Beute davonbrächte. Der Stadt wurden 400 000 Livres Kontribution auferlegt, die innerhalb weniger Stunden bezahlt werden sollte. Und das, nachdem die Stadt völlig ausgeplündert war! Der Pfarrer Mayer warf sich vor dem französischen Kommandanten auf die Knie und erflehte für seine Mitbürger Gnade. Er erhielt die gemeine Antwort: „Ihr redet immer von Euerer Armut! Aber alle Klagen, dass man Euch so Vieles nimmt, beweisen doch, dass Ihr gar nicht so arm seid. Man findet immer noch Überfluß in Euerer Stadt!“ Dem Pfarrer Schultz, der vor dem Rathaus Einlass begehrte, stach der wachhabende Soldat durch die Perücke in den Kopf!

Die Franzosen mussten schließlich fluchtartig abziehen, da die deutschen Regimenter in Eilmärschen von

Norden heranrückten. Zuvor trieben sie aber das letzte Vieh aus den Ställen und beehrten die Häuser mit einer abschließenden gründlichen „Haussuchung“.
Da die verlangte Kontribution unmöglich aufgebracht werden konnte, verhafteten sie in der Nacht vor ihrem Abzug eine Reihe der angesehensten Bürger der Stadt und ließen sie als Geiseln nach Landau bringen. Die Bürger Ußlaub, Freytag, Leschmann, Drexel, Becker, Scharff, Holzmann, Cloes, Hauser und der Pfarrer Mayer traten den Weg in die Gefangenschaft an, um mit ihrem Kopf für ihre Heimatstadt zu bürgen.
Hinter den abrückenden Franzosen drangen die Deutschen in die Stadt ein. Der Prinz von Lothringen setzte, wie schon einmal geschehen, den alten Rat wieder ein. Auch die Freiheitsbäume wurden neuerdings umgeschlagen und die Helfershelfer der Franzosen mussten diesmal bitter büßen. Die Freudenfeuer vor dem Dom, die man unter dem Absingen der Marseillaise umtanzt hatte, verzinsten sich schlecht.
Aber man übersah erst jetzt, wie furchtbar die Stadt gelitten hatte. Die Franzosen hatten ja mit Tausenden von Fuhren Speyer „ausgeleert“. Der Senator Weiss schrieb einem Freunde: „Wochenlang geschah das und kein Gedanke war da, sie dabei zu stören. Uns arme Speyerer geben die kriegführenden Mächte mit kaltem Blute dem Feinde preis, lassen ihn unbehindert uns bis aufs Hemd ausziehen und dann vom Hungertode würgen. Sie zogen uns das Unglück über den Hals und lassen uns nun darunter liegen. Sie reizten die Räuber unseres so sauer erworbenen Eigentums und warfen uns ... ihnen zur Beute vor. Speyer, die ruhige, friedliche Stadt, mag zu Grunde gehen und

ihre stillen Einwohner den Märtyrertod sterben für eine solche Staatspolitik! Oh, dass man schweigen muss!" – Das waren bittere, harte, aber wahre Worte.
Von den Geiseln kam Nachricht durch den Pfarrer Mayer und den Bürger Holzmann. Deren Frauen hatten über 17 000 Livres zusammengebracht und damit wenigstens die beiden Männer aus der Gefangenschaft erlöst. Pfarrer Mayer unternahm gleich nach seiner Rückkehr eine Reise in die Reichsstädte des schwäbischen und fränkischen Kreises, um Gaben für die anderen, noch im Gefängnis liegenden Speyerer zu sammeln. In Frankfurt zeigte man sich freigebig, und mit dem mitgebrachten Geld, das durch Spenden aus Basel noch aufgestockt wurde, zogen zwei Speyerer Frauen nach Zabern, wohin man die Geiseln gebracht hatte, und lösten dort weitere zwei Mitbürger aus. Endlich gelang es sogar, in Hüningen dem Divisionszahlmeister den Rest des verlangten Geldes zu bezahlen, und so konnten die übrigen Bürger nach monatelanger Haft im August wieder heimkehren. Die Freude blieb nicht lange ungetrübt. Denn bereits im Oktober erschienen die Revolutionstruppen erneut vor der Stadt. Speyer wechselte zum dritten Mal den Herrn. Wieder flohen Hunderte über den Rhein. Man hatte keine Lust mehr, eine Neuauflage der „Freiheit" zu erleben.
Diesmal blieb die Stadt im unmittelbaren Kriegsgebiet – die Kaiserlichen schlugen sich mit den Franzosen in der Nähe der Rheinschanze herum, sie konnten die Rheinarmee sogar abdrängen und die Stadt wenige Wochen später wiedergewinnen. Man atmete auf, aber zum Jubeln wollte es nicht mehr so recht reichen.

Denn der Krieg brachte ja von beiden Seiten immer neue Bedrängnisse. Von deutscher Seite erfolgten Requisitionen über Requisitionen. Auf die Bittschriften der Bürgerschaft reagierte der befehlshabende General mit Unwillen: „Sie haben den Franzosen täglich hundertweise Arbeiter geben müssen; warum weigern Sie sich dermalen, wo Sie für die kaiserlichen Truppen geben sollen?“

Langsam begann sich das tägliche Leben wieder zu normalisieren. Der geflohene Senator Johann Adam Weise kam aus dem Rechtsrheinischen zurück und wurde Bürgermeister. Er hat in der Folge seiner Vaterstadt unschätzbare Dienste erwiesen und mit Tatkraft und unverzagtem Mut versucht, das Los Speyers erträglicher zu gestalten. Die Bürgerschaft war auf ganze 400 Familien zusammengeschmolzen. Auf der Hauptstraße wuchs Gras ...

Im anderen Jahr kehrten die Trikoloren zurück. Der Tanz begann von neuem. Die Franzosen blieben in jenem Sommer 1796 zwar nur drei Wochen in der Stadt, doch scheinen jene Tage an Qual und Bitternis alles übertroffen zu haben, was vordem geschehen war. Innerhalb von fünf Tagen musste die Bürgerschaft eine Kontribution von 100000 Livres aufbringen. Eine Erfüllung war nach Lage der Dinge völlig ausgeschlossen. 7000 Livres brachte man zusammen, Dafür nahmen dann die Welschen am 26. Juni, als sie sich vor den heranrückenden Kaiserlichen wieder zurückziehen mussten, erneut sieben Bürger als Geiseln mit. Gefesselt wurden die Ratsmitglieder Becker, Deines, Leschmann, Drexel, Sonntag, Staub und Pallant nach Germersheim gebracht. Man muss barbarisch

mit diesen Männern verfahren sein, denn sie baten von Straßburg aus, wo man sie endlich einkerkerte, in flehentlichen Briefen um die Hilfe ihrer Mitbürger.
Die Situation Speyers war trostlos geworden. „Unsere Stadt ist einem ausgemergelten Körper gleich, dem auch der letzte Blutstropfen entzogen. Jede Quelle ist versiegt, alle Nahrung, alles Gewerbe liegt danieder." Die Bürgerschaft schickte eine Deputation zu dem französischen Befehlshaber, General Moreau. Aber man erreichte nichts. Schließlich konnten zwei beherzte Männer durch Verhandlungen in Landau und in Straßburg selbst das Los der Gefangenen wenigstens mildern. Die Stadt zahlte nach zähem Verhandeln 7000 Livres zur erstgegebenen Summe, und die Gefangenen durften im Juli heimkehren.
Während man um das Leben der einen bangte, hatten durchziehende französische Truppen bei einem Handstreich aber auch den Bürgermeister Weiß, den Stadtschreiber Ohlenschlager und den Apotheker Osiander mitgenommen und nach Landau ins Gefängnis gebracht. Wieder mussten die Bürger sehen, woher das Geld zu bekommen war – ohne Geld mussten die Geiseln verderben. Man nahm im Rechtsrheinischen 6000 Livres auf, um den Bürgermeister und seine beiden Leidensgenossen zu befreien. In dem Bittgesuch der Speyerer standen traurige Worte: „Ein Drittel der Speyerer Einwohner hat Hunger, Gram und Elend schon hinweggerafft".
Im Oktober des gleichen Jahres vertrieben die siegreichen Franzosen die kaiserliche Besatzung und betraten Speyer zum fünften Male. Der Rat wurde endgültig abgesetzt, ein neuer Maire bestallt und mit dieser letz-

ten Wandlung auf dem Rathaus war Speyer für lange Jahre zu einer französischen Stadt geworden. Die gewohnten Requisitionen und erzwungenen Lieferungen gingen weiter; am 21. März 1797 wurde die ehemalige freie Reichsstadt feierlich der Republik Frankreich einverleibt. Sie gehörte fortan zum Kanton Germersheim, der republikanische Kalender wurde eingeführt, die Sonn- und Feiertage wurden abgeschafft.
Über dreihundert Häuser lagen in Schutt und Asche, und Trauer und Verzweiflung waren gewohnte Begleiter geworden. Über eine halbe Million Kontribution hatte die Stadt in den drei Jahren solcher Prüfung aufbringen müssen. Es muss ein geradezu unvorstellbares Elend in den Häusern geherrscht haben. Das Reich verzichtete erst im Frieden von Lunéville am 9. Februar 1801 auf die freie Stadt.
Ganz allmählich und unter schwersten Bedingungen konnten die Speyerer in den folgenden Jahren an den Wiederaufbau gehen, während ihre Söhne unter den fremden Fahnen Frankreichs in Spanien und Italien, an der Donau und in Russland kämpfen mussten. Nur der selbstlosen Liebe einiger treuer Männer zu ihrer Heimatstadt gelang es, der müde gewordenen und zu Tode getroffenen Bürgerschaft ein mutiges Beispiel zu geben. Man begann wieder einmal von vorne und arbeitete stumm und verbissen, um die Not zu zwingen. Der Tag, der die Freiheit brachte, kam. Aber viele, die ihn ersehnt hatten und nur im Glauben an diesen Morgen durchzuhalten vermochten, durften ihn nicht mehr erleben. Erst im Januar 1814 ging die Trikolore nieder, wurde aus Spire wieder Speyer.

Als der Schreiber dieser Zeilen einer alten Speyererin einen Besuch machte, kramte die damals siebenundneunzigjährige Frau Erinnerungsstücke aus einer Schublade: Uniformknöpfe mit kaiserlichen Adlern, eine Blechkapsel mit Landkarten, das Wappenemblem einer Patronentasche – ihr Vater war unter dem ersten Napoleon mit nach Moskau gezogen und als einer der wenigen, die diesen Feldzug glücklich überstanden, nach Speyer heimgekehrt. An langen Abenden erzählte er seiner Tochter von seinen Erlebnissen, und sie hatte sich manches gut gemerkt. Warum das hier gesagt wird? Um zu zeigen, wie nahe wir selbst in dieser Stunde jener dunklen Vergangenheit unserer lieben Stadt Speyer geblieben sind. Zwei lange Menschenleben genügten, um diese Worte zu hören: „Und dann hat der Vater immer gesagt ..."
So „kurz" sind doch einhundertsechzig Jahre!

„WIE ICH HÖR DIE TRUMMEL SCHLACHE ..."

Besinnliches und Heiteres aus Speyerer Revolutionstagen

Das Frühjahr 1848 fing gut an: Die Franzosen hatten ihren König davongejagt, und der Märzenwind trug allerlei muntere Kunde an den Rhein und über den Strom. Seit 1813 hatte man sich das, was aus Deutschland werden sollte, so ganz anders vorgestellt, als es geworden war. Das Hambacher Fest im Jahr 1832 glich einem Wetterleuchten. Und wenns auch in

der Folge wieder ruhig geworden war, so genügte der Anlass dieses Mal, um einen entschlossenen Schritt nach vorne zu wagen. In Wien und Berlin gingen die Männer auf die Barrikaden. „Freiheit“ war das Losungswort, „Volkssouveränität“ die Parole, „Einheit“ der Schwur. In Baden bildeten sich Freikorps. Die Zeit schien reif, und die Fürsten gestanden mit sauerer Miene Rechte zu, die allzulange verweigert worden waren.
Am 30. April fanden in Deutschland Wahlen zur Nationalversammlung statt. Im anderen Monat wählten die Deputierten in Frankfurt einen Reichsverweser. Der Traum vom Reich sollte Wirklichkeit werden. Ein Sturm der Begeisterung ging durchs Land. Bürgerwehren wurden gebildet, Fahnen geweiht, Reden gehalten. Auch in der Pfalz.
Ein Platzregen von schönen Worten ergoss sich über Gerechte und Ungerechte. So ernst man‘s auf der einen Seite nahm, so billig vereinsmeierte man auf der anderen. Und die ersten roten Fahnen zeigten sich auch! Das Jahr 1848 war ein tragisches Jahr. Es sind wohl kaum in unserer Geschichte solche Möglichkeiten vertan worden. Doch bescheiden wir uns: Der Beitrag soll ja von Speyer berichten. Man war kreuzbrav, genoss die wohltönenden Worte, äugte mehr oder minder finster, was die Regierung, die ja am Orte residierte, zu dem allem zu sagen hatte, und bei allem guten Willen war‘s wohl so, wie es ein zeitgenössisches Mundartgedicht in nicht zu übertreffender Weise schildert:

Ich gäb was drum, Fra Bas, kennt ich erfahre,
ob wohl die Gäscht beim letzschte Traktement
dann all so bsoffe wie mein Christof waren!
Der hot mers halwe Haus schier umgewendt!

Zwee hennen nachts gebrocht. S'hot grad geklunge
als kennten se net recht zum Gässel rei,
so sinn se gschtolwert un henn gsunge:
„Nein, nein, sein Vaterland muß größer sein."

Ich mach die Hausdeer uff un plumps, do falle
se mir entgeche uff ihr Bäuch:
Un fangen a zu dudle un zu lalle:
„Kein Preußen fortan und kein Österreich!"

Allmählich sinn die annre nausgekrawwelt
mit Ach un Krach, die Achsel an die Wand,
un er hat dogeleche und gezawwelt
un gsunge: „Stehe fest, mein Vaterland!"

Der Fortgang der Dinge ist bekannt. Man redete und vergaß das Tun, die Reaktion gewann Oberwasser, das Parlament in Frankfurt endete unter beschämenden Gegebenheiten.

Doch nun begann das pfälzische Kapitel der deutschen Revolution, die keine gewesen war. Am Rhein wohnen Hitzköpfe. Das sollte sich erweisen. Man fühlte sich verraten. Und es waren nicht die schlechtesten Pfälzer, die die Flucht nach vorne antraten. Man erklärte kurzerhand die bayrische Regierung in Speyer für abgesetzt und rief eine provisorische Staatsverwaltung aus. Natürlich wars ein von Anbeginn zum

Scheitern verurteiltes Unterfangen. Aber immerhin! Der Regierungspräsident und die leitenden Herren der bayrischen Verwaltung suchten das Weite und fanden Schutz hinter den Wällen der nahen Festung Germersheim. Für die in Speyer einziehende neue provisorische Revolutionsregierung erwies sich aber als störend, dass man die Kreiskasse mitgenommen hatte. Man druckte zwar Amtsblätter, veröffentlichte flammende Aufrufe, bewaffnete eine Volksmiliz und erließ Gesetze am laufenden Band – aber eine ordnende Hand war nirgends zu spüren und die Mittel reichten an keinem Ende. Man jubelte über die Flucht des badischen Großherzogs und begeisterte sich an der Vereinigung der Länder Baden und Pfalz. Aber die neuen Herren setzten doch ein wenig zu viel voraus. Der Notar Reichardt aus Speyer war Mitglied der Regierung. Bekannte Namen der Bürgerschaft begegnen uns beim Durchlesen der Listen jener, die mit ihm zusammen der „Freiheit“ dienten. Speyer erlebte sogar eine neue Zeitung: Die „Trompete von Speyer“. Sie brachte es insgesamt nur auf 24 Nummern, aber die geringe Erscheinungszahl wurde durch Explosivkraft des Inhalts ausgeglichen. Das klang doch schon recht gefährlich, was der leitende Redakteur da von sich gab! Auf die Geistlichkeit war man besonders schlecht zusprechen. „Finstere Volksfeinde, Schandbuben“ und ähnliches – so tönte es laut und drohend. Mit den Preußen, die zwischenzeitlich zum Ordnungmachen unterwegs waren, wollte man auch fertig werden. „Wir werden die Horden schlagen und die Volksmörder aus unserem Land verjagen.“ Außerdem gab man sich republikanisch bis auf die Knochen.

Die Bevölkerung der Stadt stand dem Rummel relativ gleichgültig gegenüber. Die provisorische Regierung schickte sogar ein Exekutionskommando in die Stadt, weil sich nur wenige um die Gestellungsbefehle kümmerten. Der Stadtrat wurde kurzerhand abgesetzt. Das „Korps der Rache" bezog Quartier. Einige hundert Soldaten der Garnison gingen zu den Freischärlern über. Man wappnete sich zum Widerstand, denn es wurde höchste Zeit. „Sofort haben sich die Bewohner beim Läuten der Glocken, die anzeigen, daß das Vaterland in Gefahr ist, auf ihre Posten zu begeben. Jeder bewaffne sich, so gut er es kann, mit Gewehren, Sensen, Pistolen, Heu- und Mistgabeln, Äxten und Dreschflegeln." So ließ sich die „Regierung" vernehmen. Und die „Trompete von Speyer" kommentiert: „Bürger! Nun ertönen die Sturmglocken! Die preußischen Junker wollen die Pfalz in eine Wüstenei verwandeln! Sie wollen Euch, biedere Pfälzer, morden! Sie wollen Euere Weiber und Töchter schänden! Pfälzer! Europa (!) hat seine Augen auf Euch gerichtet! Verzaget nicht! Bedenkt, daß es uns nicht an Platz mangelt, hunderttausend Preußen zu begraben!"
Allerdings war das bereits der Todesstoß der „Trompete von Speyer".
Prinz Wilhelm, der spätere erste deutsche Kaiser, leitete die Operationen. Die bayrischen Truppen standen unter dem Oberbefehl des Fürsten von Thurn und Taxis. Der Spuk der pfälzischen Revolution wurde in wenigen Tagen weggewischt. Es kam, besonders in der Nordpfalz, zwar zu größeren Gefechten, bei denen eine Anzahl Freischärler das Leben lassen musste. Doch schon am 19. Juni wurde Ludwigshafen besetzt,

und in den gleichen Tagen stand eine ganze preußische Division vor Speyer. Man hatte sich zwar verbarrikadiert. Aber als es ernst wurde, ließ man den Gedanken an Widerstand fallen.

Wie ich hör die Trummel schlache
lad ich glei dehäm mei Flint
putz mei Knöpp und berscht mein Krache
sach adscheh zu Weib un Kind.
Un mei Fraa, die schticht noch schnell
in ihr Gsangbuch mit de Spell.

(Für „Neupfälzer“ sei hier vermerkt, dass es sich bei einer „Spell“ um eine Stecknadel handelt).

Un sie heult mer in die Ohre
Mit unsrer Macht isch nix getan!
Ach Gott, mir sin gar bald verlore
Jetzt hoschts, mein liewer Mann!
Als wann uff unser Bürcherwehr
Schun im Gsdangbuch gschtichelt wer!

Fraa, jetzt mach der doch kä Sorche!
Sag ich, daß nor äner fällt?
Fer die Hauptleut isch uff morsche
Doch schun ‘s Mittagesse bschtellt!
Meenscht dann, unser Bürcherwehr
ging noch naus, wanns gfährlich wär?

Dementsprechend endete die Revolution – wenigstens in Speyer. Die Stadt ergab sich kampflos. Die Rädelsführer brannten durch und versuchten, über den

Rhein zu kommen. In einem Gefecht bei Waghäusel, das auf beiden Seiten noch recht hohe Opfer forderte, wurde der Rest der pfälzischen „Armee“ in unserer Gegend aufgerieben.
Am 21. Juni erschien der Herr Fürst von Thurn und Taxis persönlich in Speyer. Mit ihm ein Regiment Infanterie, eine Abteilung Chevauxlegers und Artillerie. Der Speyerer Bürgermeister Kolb, der gemeinsame Sache mit den Aufständischen gemacht hatte, legte sein Amt nieder und wurde verhaftet. Die gesamten Erlasse und Gesetze der „Provisorischen Regierung“ wurden für nichtig erklärt. Und nun kehrten auch die Herren Regierungsräte aus Germersheim zurück. Die Gerichte begannen ihre Tätigkeit. Es wurden Todesurteile gefällt, langjährige Gefängnisstrafen verhängt. Der König von Bayern ließ jedoch Gnade vor Recht ergehen. Die Urteile wurden – bis auf wenige gegen Militärs – nicht vollstreckt. Die schwarz-rot-goldene Fahne des Aufruhrs war gesunken. Die Heckerbärte wurden wieder gestutzt, die Hahnenfedern von den Hüten genommen. Der Traum von der Republik war ausgeträumt.
Die Speyer hörten sich zwar das „Te Deum“, das der Bischof im Dom singen ließ, mit gemischten Gefühlen an. Aber sie waren im Grunde doch recht froh, einigermaßen ungeschoren davon gekommen zu sein und gingen ihren täglichen Geschäften nach, wie sich das für brave Bürger gehört. Aber dennoch blieb in allem späteren Tun ein Rest Wehmut. Man hatte es ehrlich gemeint mit dem Vaterland. Zu dilettantisch, aber von Herzen. Wie tragisch das Jahr 1849 gewesen ist - das sollte sich erst viel später erweisen.

AUF DER WALZ IN SPEYER „WOSELBST ICH ARBEIT FAND“

August Bebels Lehrjahre

Dass der Mensch nicht allein vom Brot lebe – diese zutreffende und obendrein biblisch fundierte Erkenntnis war es wohl gewesen, die einen wackeren Drechslermeister ehedem bestimmte, seinen jeweiligen Gesellen und Lehrbuben nicht nur die pünktliche werktägliche Arbeitszeit, sondern auch den sonntäglichen Vormittagstermin des Gottesdienstbesuches zur Pflicht zu machen. Und da Vertrauen zwar eh und je als eine lobenswerte Eigenschaft galt, Kontrolle indes schon damals die genauere Übersicht garantierte, hatte der Meister die Gewohnheit, seine zum Kirchgang verdonnerten Mitarbeiter da und dann mittels Stichproben zu examinieren: Meist schon beim gemeinsamen Mittagstisch, spätestens jedoch während der Abendessenszeit fragte er danach, welches Eingangslied denn am Morgen im Hause des Herren gesungen worden sei. Konnte man die zutreffende Antwort mit „Liebster Jesu, wird sind hier“, „Tut mir auf die schöne Pforte“ oder einem anderen möglichen Choraltext ohne Zögern und Stottern hersagen, war's recht und der gestrenge Lehrherr zeigte sich zufrieden. Blieb der Examinierte hingegen mit dem Bescheid stecken oder ihn gar vollends schuldig, so wirkte sich das aufs „Betriebsklima“ während der ganzen folgenden Woche aus.

Solcherlei Eigenheit sprach sich unter den um Arbeit nachsuchenden Handwerksburschen flugs herum, und

Dreifaltigkeitskirche, erbaut 1701 - 1707
Orgel mit Orgelempore,
hier sollte August Bebel
den Gottesdienst besuchen

so hatte auch der wenige Tage zuvor in die Werkstatt eingetretene Zunftgeselle von einem scheidenden Kollegen einen entsprechenden Hinweis erhalten. Das höheren Orts dekrierte Stillsitzen in nicht eben bequemen Kirchenbänken wollte ihm freilich nicht behagen, und ein ausgedehnter Sonntagmorgenspaziergang schien ihm der sinnvollere Zeitvertreib. Indes wollte er sich's mit dem Patron nicht ohne Not verderben, und so marschierte er denn am folgenden Sonntagmorgen zunächst einmal zum nahegelegenen Gotteshaus, um dort die an den Hinweistafeln aufgesteckten Liednummern zu notieren: Das, so wähnte er, werde ihn davor bewahren, hernach von möglichen Fragen überrumpelt zu werden.
Der Hauptgottesdienst hatte noch längst nicht begonnen, der Kirchendiener war eben dabei, die Blumen für den Altarschmuck zu ordnen. So glückte das Vorhaben ausgezeichnet, und als der Meister dann am Abend in der Tat wissen wollte, ob sein neuer Tischgast am Vormittag auch ein aufmerksamer Predigthörer gewesen sei, wurde seine Neugier mit einem dreisten Ja beantwortet. Auf die anschließende Frage, welchen Choral die Gemeinde denn zum Eingang angestimmt habe, gab der Prüfling die von ihm an erster Stelle aufgeschriebene Zahl an, merkte indes auf der Stelle, dass er hereingefallen war: Die Suppe löffelnden beiden Töchter des Hauses konnten das Lachen nicht verbeißen und prusteten los – der Kirchenschwänzer war nämlich zum Ausspähen um ein Viertelstündlein zu früh in St. Dreifaltigkeit erschienen, was folglich bedeutete, dass der Küster die fälligen Liednummern noch nicht umgesteckt hatte. Diejenigen, die zum

„Beweis“ dienen sollten, stammten noch vom vorangegangenen Sonntag. Daher meinte der Meister recht trocken, wenn ihn nicht alles täusche, scheine sich sein neuer Mitarbeiter aus dem Kirchenbesuch nicht viel zu machen. Er möge also fortan in der kommenden Zeit zur fraglichen Stunde im Hause bleiben und die Werkstatt in Ordnung bringen ...

„So war ein schönes Stück Freiheit verloren“, schrieb der Gemaßregelte in sein Tagebuch – und dieser zum Putzdienst Abkommandierte hieß August Bebel.

In der Pfalz, so hörte Bebel von Wandergenossen, sei ein vergleichsweise besseres Unterkommen. Also tippelte er gen Speyer, „woselbst ich Arbeit fand“. Es war seine erste Gesellenstelle überhaupt, und er scheint es, wie seine Notizen verraten, in der linksrheinischen bayrischen Kreishauptstadt recht gut getroffen zu haben:

„Die Behandlung war ordentlich und das Essen ebenfalls und reichlich.“ Der Wohnkomfort ließ freilich zu wünschen übrig, aber das wird in ähnlichen Fällen damals anderswo nicht viel besser gewesen sein: „Schlafen musste ich in der Werkstatt, in der in einer Ecke ein Bett für mich aufgeschlagen war.“

Der Lohn, den der Speyerer Arbeitgeber zahlte, fiel nicht üppig aus: „Er war niedrig, er betrug pro Woche 1 Gulden 6 Kreuzer; als ich mich darüber beklagte, meinte der Meister, er habe in seiner ersten Arbeitsstelle in der Fremde auch nicht mehr erhalten. Doch das mochte fünfzehn Jahre früher gewesen sein.“

Nun war es zu jener Zeit um das Speyerer Gewerbe nicht eben wohl bestellt. Dr. L. Anton Doll hat in einer Jubiläumsschrift der Speyerer Volksbank schon

vor vielen Jahren aufschlussreiche Notizen zur wirtschaftlichen Situation der um 1860 rund 11000 Einwohner zählenden Stadt veröffentlicht, in der „Geld Mangelware war“: „In einer Aufstellung ... werden 420 Meister mit 338 Gesellen, Gehilfen, Arbeitern und Lehrlingen aufgeführt. Die Zahl der Gewerbebetriebe mit einer Gewerbesteuer über 5 Gulden war jedoch wesentlich geringer, sie betrug insgesamt nur 204.
... Unter den Gewerbetreibenden ragten vor allem die Bierbrauer und die Müller „wegen der Prosperität ihrer Gewerbe“ hervor. Zahlenmäßig standen unter den einzelnen Gewerbezweigen die Schuhmacher mit 80 Meistern, 39 Gehilfen und 18 Schuhflickern weit an der Spitze, aber nur 4 Betriebe hatten ein Gewerbesteueraufkommen von mehr als 5 Gulden ... Etwas besser war es mit den Schneidern, die mit 45 Betrieben und 41 Gesellen vertreten waren und 5 Betriebe mit über 5 Gulden Gewerbesteuer aufzuweisen hatten ... Auch den 33 Schreinern mit 30 Gehilfen ging es schlecht ...“
Neben verschiedenen zeitbedingten Gründen für diese wenig erfreuliche Bilanz vor dem Hintergrund einer zunehmenden industriellen Fabrikation und angesichts eines rasch wachsenden Angebots von Fertigwaren trug die fatale Verkehrslage der beim pfälzischen Eisenbahnbau ins Abseits geratenen Stadt zu dieser Situation ganz wesentlich bei.
Den Wanderburschen aus Wetzlar hielt es darum auch nicht sehr lange am Speyerbach: „Sobald das Frühjahr kam, ging ich wieder auf die Walz. Ich marschierte durch die Pfalz nach Landau.“ Er scheint sich dort nicht weiter aufgehalten, dagegen kurz danach in

Germersheim Station gemacht zu haben: „In jenem Frühjahr war die Nachfrage nach Schneidergehilfen ungemein stark; und da ich sehr flott marschierte und im Äußeren der Vorstellung, die man sich von einem Schneidergesellen machte, durchaus entsprach, wurde ich auf meiner Reise schon vor den Toren von Schneidermeistern angesprochen. Sie wollten nicht glauben, dass ich kein Schneider sei, andere wieder entschuldigten sich, dass sie mich für einen solchen gehalten, weil ich ganz wie ein Schneider aussähe ...“

Alle hier abgedruckten Beiträge erschienen zwischen 1960 und 1990 in verschiedenen Zeitungen und Zeitschriften.
Die von uns getroffene Auswahl wurde erstmals als Buch zusammengefasst.

Isabelle Wien – Hermann G. Klein

Über Ludwig Wien:
Ludwig Wien, Sohn aus einem pfälzischen Pfarrhaus, wurde am 20. September 1926 in Heuchelheim bei Landau geboren. Seine Jugend verbrachte er in Speyer. Nach Schulabschluss am Kaiserdom-Gymnasium in Speyer studierte er Geschichte, Archäologie und Kunstgeschichte in Erlangen und Paris. Als Redakteur arbeitete er in verschiedenen Verlagen, bis er 1964 zum Evangelischen Presseverband Baden nach Karlsruhe kam, wo er als geschäftsführender Redakteur das Erscheinungsbild der Evangelischen Kirchenzeitung für Baden, „Aufbruch", entscheidend prägte. Sein immenses historisches Wissen, seine Liebe zur Pfalz und zum Elsass reichte er weiter in zahlreichen kunsthistorischen und heimatgeschichtlichen Beschreibungen und Begebenheiten, in heiteren und besinnlichen Erzählungen. In Zeitungen und Zeitschriften veröffentlichte er bundesweit unzählige historisch-feuilletonistische Artikel und Glossen.

Seine Bücher:
1970 Der unauffindbare Spiegel
1972 ... und zeigt ihm Berg und Strom und Land
1975 Geliebter Kasimir
1976 Drei Schlösser auf einem Berg – drei Kirchen in einem Tal
1979 Die geerbten Springerle
1981 Hüwwe und drüwwe
1988 Bilder im Strom
1989 Der Tag geht über mein Gesicht
1991 Wegzeichen (posthum)

Ludwig Wien starb am 12. April 1991

In dieser Reihe ist bereits erschienen

Willi Gutting
Mord, Brand und Pestilenz

Aus den Denkwürdigkeiten
des Theophrastus Bombastus, Wundarzt zu Speyer

In wirren Zeiten, während des Dreißigjährigen Krieges, ist Theophrastus Bombastus in Speyer tätig. Plündernde Soldaten, Mord, Raub und Vergewaltigung sind an der Tagesordnung.

Man sagt, dass er ein guter Arzt, ein noch besserer Mensch und zweifellos der beste Freund seiner Freunde gewesen sei. Wer die Zeitläufe kennt, der weiß, dass damals ein guter Arzt rar, ein guter Mensch noch seltener und die guten Freunde beinah ausgestorben waren. In den Denkwürdigkeiten schildert er seine beruflichen Abenteuer in Speyer, als Arzt in schlimmen Zeiten.

In seinem Denkwürdigkeiten bewirken Mord, Brand und Pestilenz eine Szenerie, in der Willi Gutting menschliche Schicksale nachvollzieht. Er führt seine Leser in 19 spannenden Episoden in die alte Reichsstadt Speyer der Jahre 1628 – 1658.

Kartoniert, 160 Seiten, ISBN 3-921797-66-7